大学生心理健康教学
与课程实施

汪静　贺春荣　马新衡◎著

中国纺织出版社有限公司

内 容 提 要

本书是一本围绕大学生心理健康教学与课程实施展开研究的学术著作。心理健康水平已经成为社会衡量并评价人才的重要标准之一。心理健康不仅关系大学生的生活学习及成才，还关系我国人才培养的整体质量，影响着我国社会主义现代化建设的成效。本书首先论述大学生心理健康、大学生心理健康课程建设基础；其次研究大学生心理健康课程教学设计、教学内容、教学实施；最后探讨大学生心理健康教育教学评价。本书结构逻辑清晰，内容丰富、通俗易懂，彰显实用性与科学性，对心理健康教育者与研究者具有一定的参考价值。

图书在版编目（CIP）数据

大学生心理健康教学与课程实施 / 汪静，贺春荣，马新衡著.－－北京：中国纺织出版社有限公司，2023.8

ISBN 978-7-5229-0975-2

Ⅰ.①大… Ⅱ.①汪… ②贺… ③马… Ⅲ.①大学生—心理健康—健康教育—教学研究 Ⅳ.①G444

中国国家版本馆CIP数据核字（2023）第167819号

责任编辑：段子君　　责任校对：高　涵　　责任印制：储志伟

中国纺织出版社有限公司出版发行
地址：北京市朝阳区百子湾东里 A407 号楼　邮政编码：100124
销售电话：010—67004422　传真：010—87155801
http://www.c-textilep.com
中国纺织出版社天猫旗舰店
官方微博 http://weibo.com/2119887771
天津千鹤文化传播有限公司印刷　　各地新华书店经销
2023 年 8 月第 1 版第 1 次印刷
开本：710×1000　1/16　印张：14
字数：167 千字　定价：99.00 元

前言

社会的多元化发展为大学生提供了前所未有的机遇，但同时也给他们带来了巨大的压力，大学生的主观幸福感亟需提升。大学生正处于人生发展的重要时期，应该以积极、健康的心态面对校园生活，但是他们的心理尚未完全稳定，心理承受能力和适应能力相对较弱，需要不断地学习与探索，才能一步步地成长。大学生心理健康教育可以充分挖掘大学生的心理潜能，培养其良好的心理素质，促进其人格和谐发展，增强他们的社会适应能力，最大限度地实现他们的人生价值。加强大学生心理健康教育，对高校贯彻落实以人为本的科学发展观，推进素质教育，提升大学生主观幸福感具有重要意义。

基于此，本书以"大学生心理健康教学与课程实施"为题，阐述了大学生心理健康的概念、大学生心理健康的标准、大学生心理健康的要素、大学生心理健康的问题与维护，研究了大学生心理健康课程的建设基础，通过对建设理念、目标、特点的分析，了解了建设的基础方针，讨论了心理健康课程教学设计，明确了教学设计的特点、功能、设计要素和设计原则，探讨了大学生心理健康课程的教学内容，从认知、学习交往、情绪管理、网络心理与生命价值展开研究，对大学生心理健康课程的教学实施进行了分析，构建出课程实施的基本体系，并论述了大学生心理健康教育教学评价标准，以便有更进一步提高。

本书体系完整、视野开阔、层次清晰，力争用简洁的语言进行剖析与说明，使读者能够一目了然，希望借此可以增加读者对大学生心理健康教育的认知，并寻得创新新思路。

作者在本书的创作过程中，得到了许多专家学者的帮助和指导，在此表示诚挚的谢意。由于作者水平有限，加之时间仓促，书中所涉及的内容难免有疏漏之处，希望各位读者多提宝贵意见，以便作者进一步修改，使之更加完善。

汪静

2023 年 8 月

参考文献

第一章
大学生心理健康概论

第一节　大学生健康与心理健康

一、健康

"身体健康"是人们生活中常见的祝福语，反映出"健康"是每个人的愿望。对于健康的定义，传统观念认为健康就是身体没有疾病。因此，人们都很重视身体的锻炼与保养，而忽略了心理的保健。随着科学的进步和社会的不断发展，人们对健康的理解变得更加深入。

健康不仅是身体没有疾病，还包括心理健康、道德健康等多方面的内容，健康的目标是追求人的更积极的状态、更高层次的发展。躯体健康是健康的生理基础。大学生正处于身体发展和成熟的关键时期，拥有健康的体魄，才有充足的精力去学习各种各样的新知识，才有足够的毅力迎接挑战，才能高效率地工作，才会有愉悦的心情和幸福的人生。

健康的定义一直在发展中，主要包括以下内容：①健康不仅指没有疾病或虚弱的现象，而且指一种生理、心理和社会方面的良好状态；②健康不仅指肌体的强健和没有疾病，而且指一种生理上、心理上和社会方面的完满状态；③躯体健康，心理健康的人，社会适应性良好；④健康包括身体健康、心理健康、社会适应良好和道德健康；⑤健康是能对抗紧张，经得住压抑和挫折，积极安排自己的各种生活活动，使自己的智慧、情感和躯体融为一体，生活和精神充满生机，且富有文明的意义。

从对健康定义的变化可以看出心理健康正受到越来越多的关注。传统的心理健康观念视心理健康与心理疾病为一条线上的两个端点，因此，没有心理疾病就是心理健康。然而，随着科学文化的进步和社会的不断发展，人们对心理健康的理解也更加深入。

世界卫生组织将心理健康定义为：心理健康不仅是一种无精神病，更可视为一种幸福状态。在这种状态中，每个人都能认识到自己的潜力，可以应对正常的生活压力，有效地从事工作，并能够对社会做出贡献。从广义上而言，心理健康是指个体具有一种持续、高效而满意的心理状态，在这种状态下，生命具有活力，潜能得到开发，价值得以实现。从狭义上而言，心理健康是个体具有稳定的情绪、适度的行为，且具有协调关系和适应环境的能力。

心理健康还可以指身体、智力、情绪十分协调；适应环境，在人际关系中能彼此谦让；有幸福感；在工作中能充分发挥自己的能力，过着有效率的生活。在这个定义中，"和谐""幸福感""有效率的生活"是关键词。这个概念表明，不是没有心理疾病就是心理健康，而是强调了心理健康是人的身心与社会的整体和谐发展，是人们自身的幸福感，是人实现自我潜能的一种高质量的生活状态。

二、心理健康

（一）心理健康水平的基本类型

1. 常态心理

表现为经常有愉快的心理体验，适应能力强，善于与别人相处，能较好地完成同龄人发展水平应做的活动，具有调节情绪的能力。生活中的大部分人属于常态心理。心理健康教育的目的就是帮助大学生持续保持正常心态，并不断开发心理潜能，提高其心理健康水平。

2. 轻度失调心理

表现为不具有同龄人所应有的愉快，与他人相处略感困难，生活自理有些吃力。若主动调节或通过专业心理辅导人员的帮助，就会消除或缓解心理问题，逐步恢复常态。小部分人会在不同的生活阶段出现这样或那样的轻度心理失调情况。对轻度心理失调应该积极进行调整，一般很快会恢复常态。

3. 严重病态心理

表现为严重的适应失调，无力维持正常的生活和学习。如不及时治疗，有可能会恶化，表现为神经症或精神病性障碍。需要说明的是，即使是有精神病性障碍的人，他们的心理活动也并不全是异常的。比如，他们的人格可能有某方面的缺陷并伴随思维障碍，可是感知是正常的，而且经过系统治疗，心理的异常部分，也能得到改善或完全被矫正。因此，正常心理活动和异常心理活动之间，存在相互转化的可能性。

（二）大学生心理健康的主要表现

心理健康是大学生成长和发展的根本，是大学生适应现代社会必备的素质。没有健康的心理，大学生就难以获得健康的自我发展。社会适应良好是健康的能力部分。社会适应能力是指人为了在社会上更好地生存而进行的心理和生理上的各种适应性的改变，并因改变而产生行动的一种能力。社会适应能力反映一个人综合素质能力的高低，是个体融入社会、接纳社会能力的表现。良好的社会适应能力，是大学生必备的心理素质。道德健康是健康的灵魂。道德健康对心理健康具有重要的促进和发展意义。优秀的道德品质能不断促进个体生命成长，提升个体幸福感。大学生心理健康的表现主要包括以下几方面：

（1）正确认识自我和悦纳自我。"每个人各有优势和不足，一个心理健康的大学生能够对自我有恰当的认识，既能欣赏自己的优势，也能接纳自己的不足；制定符合自己实际情况的目标，不苛求自我；善于调整自我，保持自我的和谐与统一。"❶

---

❶ 陈康. 保持大学生心理健康相关教育方式的研究 [J]. 科学大众（科学教育），2020（6）：124.

（2）拥有和谐的人际关系。尊重他人，能够接纳别人与自己的不同，对他人真诚、宽容，能与他人较好地沟通和交往，保持人际关系的和谐。

（3）拥有良好的适应能力。大学生应对环境具有较强的适应能力，能够接受和适应现实环境，面对个人不理想的环境，不抱怨、不逃避，根据环境的要求，及时调整个人的需要和愿望，使自己的思想和行为与环境相协调，能够在各种环境中成长与发展。

（4）拥有较强的意志品质。大学生应当具有较强的意志品质。能够正确对待学习、恋爱、择业及生活中的各种困难，勇于面对个人成长中的各种挫折。

（5）拥有积极乐观、稳定的情绪。大学生应当能够接纳自己的各种情绪，并具有较强的情绪调节能力，保持一种积极乐观的心态。

（6）具有完整和谐的健康人格。人格包括气质、能力、性格、兴趣等方面。大学生应当努力完善自己的人格，使人格的各个方面都能得到合理、平衡的发展。

第二节　大学生心理健康的标准

一、大学生心理健康标准的评判

"正确认识和把握大学生心理健康标准是高校开展学生心理咨询工作取得成效的前提。"❶处于青年中期的大学生具有这个年龄阶段（18～25岁）的

---

❶ 何光耀. 论大学生心理健康的标准及其把握 [J]. 钦州师范高等专科学校学报，2006，21（1）：38.

许多心理特征，但由于身份的特殊性，也具有群体化的特征。解读大学生心理健康，离不开诊断和测量数值。此外，健康与否在不同的历史时期、文化背景、经济条件下不尽相同，即健康标准会随着时代变迁不断变化。根据当前大学生的实际情况，在实践中，以下标准可在评判中着重考虑：

（1）智力正常。高智商的人，心理不一定都健康。因此衡量心理健康时，关键在于是否能正常地、充分地发挥效能，即有强烈的求知欲，乐于学习，能够积极参与学习活动。

（2）情绪健康。情绪健康的标志是情绪稳定和心情愉快，表现为对生活充满希望，愉快情绪多于负面情绪，能直面自己的不好情绪，善于控制与调节自己的情绪，情绪反应与环境相协调。

（3）意志健全。意志健全对于自觉性具有较大影响，能够较好地发挥行动的自觉性和果断性。有健全意志的人通常有较强的自制力，能够在活动中保有较强的自觉性，能顺利地解决所面临的问题。

（4）人格完整。人格完整即个人的所想、所说、所做协调一致。积极进取是对大学生群体极为有利的一种人生观，它能统一大学生的目标和行动，明确其具体所需内容；完整表达人格体现在待人接物、行为处事上保持灵活合理的方式方法，避免偏激，保持理性；能够与他人、集体、社会顺利融合。

（5）自我评价正确。正确的自我评价是大学生心理健康的重要标准，客观地认识自我、恰如其分地评价自我、能正视自我的缺点和不足，并接纳自我，做到自尊、自强、自重、自爱。

（6）人际关系和谐。良好而深厚的人际关系，是生活幸福与事业成功的前提。其表现为：交往动机端正，积极的交往态度多于消极的交往态度，既有广泛深厚的人际关系，又有知心朋友；在交往中能保持独立而完整的人格，有自知之明，不卑不亢；能客观评价别人和自己，善取人之长补己之短，宽以待人，乐于助人。

（7）社会适应正常。心理健康的大学生应该能适应变化的较快学习环境、生活环境、自然环境及人际环境等。即使突然发生意外变化或身处恶劣环境中，也能较快顺应环境并保持心理平衡。

（8）年龄与心理行为相符合。如二者相符，一般则说明心理较为健康；如心理行为与年龄差异较大，则可能是心理健康出现了问题。

二、大学生心理健康标准的理解

（一）心理健康标准的相对性

人群的心理健康状况符合正态分布，绝对健康和绝对不健康的人都是少数，大部分人都落在中间区间。心理健康的灰色理论将完全心理健康比作白色，将完全的不健康比作黑色，认为在白色与黑色之间存在着一个巨大的缓冲区域——灰色区。灰色区域又可以进一步分为浅灰色区与深灰色区。浅灰色区的人只有简单的心理问题，如工作不顺、人际关系不佳等生活问题带来的心理不平衡与精神压抑。深灰色区的人则患有人格障碍与神经症。属于纯白色的完美心理与纯黑色的精神疾病的人是极少数的，大多数人的精神状况都散落在灰色区域内。

从静态的角度看，心理健康是一种状态；从发展的角度看，心理健康是围绕着健康常模，在一定范围内不断上下波动的过程，是一个动态平衡的状态。不管是普通人群还是大学生群体，在人生发展的过程中遇到各种各样的心理问题都是正常的，就如心理得了"感冒"，不必由此带来不必要的情绪负担，而应积极加以调整或治疗。

（二）心理健康标准的整体协调性

心理健康标准的整体协调性是基于心理活动的完整性，统一协调的前提是意识和行为的协调统一，这成为衡量健康心理活动的重要标准之一，尤其是其有效性和准确性。也就是说，如果心理活动难以在一定规律下协调运作，则可能造成心理上的不良后果，这表现为一系列的连贯性问题。一般而言，人的个性心理较为稳定，如无重大影响则难以发生大的变化，当在未遭受巨大创伤或其他变动的情况下，个性产生了较大变化，有必要对其心理健康状况提出质疑。在不同的群体中，心理健康的表现以及心理健康标准的设置都有一定差异，因此不能采取一刀切的方式来衡量心理健康，要注意心理健康的社会背景状况。

（三）心理健康标准的发展性

人在发展的过程中会遇到各种各样的挫折，一些不健康的心理状态可能是大学生成长中不可避免的问题，例如，新生入学后的适应问题，会随着时间的推移、身心的发展，其症状会自行缓解或消失。心理健康标准是一种理想的尺度，它是一个衡量依据，更重要的是它指明了提高心理健康水平的方向。

实际上，大部分人是处于亚健康状态的，即介于健康与非健康之间的状态，亚健康指机体在内外环境不良刺激下引起心理、生理发生异常变化，但尚未达到明显病理性反应的程度。亚健康状态的主要表现：各项身体指标无异常，但与健康人相比，存在情绪低落、反应迟缓、失眠多梦、白天困倦、注意力不集中、记忆力减退等状态。大学生亚健康状态的主要表现：人生目标茫然、学习目标不明确、学习动力缺失、生活目标随波逐流、常有无意义感伴随、自卑与自负两极振荡、恐惧失败等。

导致大学生出现亚健康状态的原因有很多，除由于过度疲劳造成的精力、体力透支，人体生物周期中的低潮时期、身体疾病等状况外，心理疾病也是一个非常重要的原因。为预防与消除亚健康状态，大学生应做好：①适度运动；②全面均衡的营养；③关注自己的生理周期；④保证睡眠；⑤提高自我保健意识，及时进行心理调节；⑥主动寻求心理帮助。

幸福是人类的永恒追求，拥有卓越而幸福的人生是每一个大学生的理想。培养大学生积极心理素质不仅可以抵御心理疾病发生、促进心理健康，还是个体幸福的基础。

第三节　大学生心理健康的要素

一、潜能

潜能，也称能力倾向，是在当前发展阶段已经显现出的一种潜在的、有助于某项活动顺利进行的可能性。潜能不会自动成为能力，这种可能性必须通过学习、培训及其他手段才会变为实际能力。潜能是人类原本具备却忘了使用的能力，它藏在潜意识中。潜意识内聚集了人类遗传基因沉淀的资讯，它囊括了人类生存最重要的本能与自主神经系统的功能，即人类过去所得到的所有最好的生存信息。因此，人们只要懂得开发这股与生俱来的能力，就几乎没有实现不了的愿望。正是因为它的这种隐藏性，许多人并不能够有效地发挥自我的潜能。潜能主要包括以下两种：

（1）生理潜能，指人的生理组织状况，特别是脑神经结构及其机能。生理潜能具有生理解剖上的特性，是人类在自然进化中所获得的全部成果的积淀、内化和浓缩，并通过生物基因遗传方式而得以保持、巩固和延续。生理潜能是潜能结构中的基础，是人的潜能素质结构赖以存在和发展的物质载体。

（2）心理潜能，指人的心理活动借以展开的相对稳定、内在、深层的、动力倾向性的基本心理品质，是个体心理活动的动力根源。心理潜能由两个层次构成：①内在的驱动倾向性的心理素质，其内容是需要、兴趣和动机；②内在自我调控性心理素质，其内容是激励和调控，常被用来制约和影响潜能结构活动状况。

健康优良的心理素质使个体形成斗志昂扬、奋发向上的心理状态，包涵了丰富多样的心理活动所必须依赖的内在、稳定的深层心理品质。它规定了个体心理活动过程的强度、韧性、稳定性和灵活性等功能指标。个体的心理素质是潜能结构中的心理动力倾向性层面，属于动力型子系统，它发挥着发动作用，有助于更充分地释放潜能结构的创造功能。

二、情绪的表达

（一）情绪的特征

情绪是人们对外界刺激引起的生理和心理变化的一种主观体验，包括体验、表情和生理反应。情绪主要包括有以下特征：

（1）情绪是生命中必不可少的组成部分。从生理学角度看，情绪是大脑与身体相互作用而产生的现象，所以说，正常人一定都有情绪。如果缺少某种情绪，则是不完整的人。

（2）情绪是由刺激引起的。情绪不是自己产生的，它需要一定的刺激引起，这种刺激大部分是外在的，也有少部分是内在的，刺激有时具体可见，有时并不显现。从外在刺激的角度看，生活中一切人、事、物的变化都可能对人的情绪造成影响。至于引起情绪的内在刺激，有的是生理性的，如躯体疾病等，会影响人们的情绪；有些是心理性的，如记忆联想、想象等心理活动，也会使人产生不同的情绪。想到伤心事，不觉潸然泪下，这是大家都会体验到的经历。

（3）情绪是一种主观体验，而不是问题本身。情绪是由刺激引起的个人的主观体验，并不是问题本身。可是大部分人都把情绪看作问题，常告诫自己不应该有情绪，并压抑自己的情绪。其实情绪只是告诉人们：生活中有事情出现，需要去处理内心某些需求。另外，个体处于情绪状态时，可以清楚地体验到情绪的性质是主观的，而不是客观的。对于同一件事情，不同人的情绪体验也不相同。

（4）情绪应该为人服务。情绪体验的产生虽然与个体的认知有关，但在情绪状态下常常伴随生理变化与行为反应，所以很多人无法控制自己的情绪。情绪是生命的一部分，每种情绪的出现都有其意义和价值，它表达和传递着内心的需要。情绪就像学习的知识、积累的经验、培养的能力一样，是为人服务、使人生更美好的，并且有很多方法能够帮助我们妥善管理自己的情绪，成为情绪的主人。情绪无所谓对错；情绪可以累积也可经疏导而消散；情绪对当事人而言都是真实的；情绪会推动行为。所以了解、接纳、管理自己的情绪很重要。

（二）情绪的类型

从实用意义出发，可以将情绪分为积极情绪和消极情绪，如快乐、开心、喜悦、兴奋属于积极情绪；生气、痛苦、悲伤、愤怒、难过属于消极情绪。现代心理学将情绪分为以下四种基本类型：

（1）快乐，是指人们努力追求某一目标时，随着目标实现、紧张状态的消除而出现的情绪。快乐有强度的差异，即从愉快、兴奋到狂喜，这种差异和所追求的目标对自身的意义以及实现的难易程度有关。

（2）愤怒，是指追求的目标受到阻碍而无法实现时产生的情绪体验。愤怒时人的紧张感会增加，甚至不能自制。随着事件的性质和严重程度不同，愤怒的程度也有所区别，一般的愿望无法实现时，只会感到一般的不快或轻微的生气，但当遇到的阻碍或恶意极大时，愤怒就会剧增。另外，愤怒对人的身心都有明显的伤害。

（3）恐惧，是人们企图回避某一不利事物但又无能为力时的情绪。所以，恐惧的产生不仅是由于危险情境的存在，还与个人排除危险的能力和应付危险的手段有关。例如，一个初次出海的人遇到惊涛骇浪会感到恐惧无比，而一个经验丰富的水手对此可能已经司空见惯，所以会表现得泰然自若。

（4）悲哀，是人们失去追求目标或有价值的事物所产生的情绪，悲哀的程度取决于失去的事物对自己的价值。悲哀带来的紧张释放，会导致哭泣。

上述四种情绪与人的基本需要相联系，是人和动物共有的原始情绪。

（三）情绪的表现

无论是积极情绪还是消极情绪，在表达方式上都带有浓厚的遗传色彩。例如，表达消极情绪时，人类会表现出与动物相似的行为，如瞪眼、张牙、竖发等。因此，可以大致把人类的面部表情分割成前额、眉眼、口部三截，不同的情绪表达分别由面孔的不同部位来决定：悲哀情绪显现在眼睛，快乐与厌恶表现在嘴部，惊愕的表情由前额来显示，而愤怒的情绪由全部面孔来表现。

情绪表达的这种遗传性还体现在发生学上。例如，对微笑的研究表明，婴儿笑的发展符合发生学的规律。双生子的研究以及早产儿的研究支持了上述说法。

这些研究发现，同卵双生子比起异卵双生子，社会性微笑出现的时间和数量更为一致。对早产儿的研究也证实了成熟在微笑产生中的作用。一个正常的婴儿在受孕第 40 周时诞生，出生后的第 6 周开始微笑，或者说在孕龄的第 46 周开始微笑。一个孕龄在第 34 周出生的早产儿，一般在生活后的第 12 周或孕龄的 46 周才开始微笑。因此，微笑出现是成熟的重要因素。

三、感恩

感恩是积极心理学关注的人的重要特质，它指的是个人对于他人、自然或者社会对自己给予过的帮助或者产生过的积极作用等的认可，并愿意予以真诚回报的情感体验和行为倾向。感恩能够使人产生一种力量和信念，这种力量会成为自己不断前进的动力，同时，这种力量也能感动和改变周围的人，使助人行为成为一种精神在人群中传递。从研究结果可以看到，当一个人怀有善念和感恩之心时，会表现出更多的正面情绪，也会受到更多人的欢迎。因此，感恩也是大学生心理健康的要素之一。感恩的力量在积极心理学中一直是被重点研究与提倡的，它是一种生活态度和行为习惯。感恩是教养的产物，因而不是所有人都具有的，它需要养成式学习，而学会感恩是人性的极高境界。感恩不能只是埋藏在内心深处，人们应该习惯于把自己的感激之情用言语、行动表现出来，让曾经给予关心和帮助的人感受到谢意。

感恩本身不仅具有正性的利己特征，还有利于与他人建立积极的人际关系。拥有感恩的心主要包括以下几方面的意义：

（1）感恩的心有助于个体人格的完善和心理健康。一个人格完整、心理健康的人，会感受到来自社会的关爱，也必定会对社会心存感激，并以实际行动来报答他人和社会的恩情。培养感恩品质有助于人格的完善，有助于唤起人的感恩心和感恩情，用感恩心来融化人们的内心，培养与人为善、助人为乐的品德，用感恩情不断地激励人们培养诸如温暖、自信、坚定、善良这些美好的处世品格。培养感恩意识能够使大学生在正视个人价值的情况下，即使在逆境中也能考虑到他人，变得性格更豁达，心胸更开阔，不会为了一些小事情而生仇、记仇甚至报仇。有感恩心的人会对周围的人和事充满感激之情，会以更积极的态度面对生活，形成我为人人、人人为我的良好社会风气，许多不健康的心理问题自然会迎刃而解。

（2）感恩的心有利于构建良好的人际关系，促进社会的和谐发展。对他人的帮助与关心心存感恩，领悟人与人之间关爱的真谛，可以培养人们良好的人际交往素质，与他人和谐相处。一个人为他人做了善事，得到他人的感激和尊重，这种感激和尊重会促进人际关系的良性发展，增强人与人的感情交流，形成一个和谐而令人愉悦的环境。

（3）感恩的心帮助人们确立社会责任感。学会感恩的人才能不断内省内察，体谅父母的辛苦和他人的善意，才能体会个体的成长离不开他人的帮助、离不开社会的关怀，也才能体会社会的恩惠和大自然的恩赐，才能自觉服务社会、建设社会，树立起维护社会形象和建设社会的社会责任感，从而增强人情味，营造良好的社会氛围。

四、乐观与希望

（一）乐观

积极心理学强调人最难改变的是看待事物的视角，快乐与否在大多数情况下取决于主观意识，态度不同，心情自然也不同。乐观是世上人、事、物皆快乐而自足的持久性心境。

1. 乐观的内涵

乐观是一种比较稳定的人格特质，代表人们对未来积极事件发生的一般期望。乐观人格倾向理论将人视为连续体，一端是乐观者，通常认为好事会发生；另一端是悲观者，一般认为坏事会发生。乐观的人格特质能够使个体对自己形成一种重要而又健康的自我暗示。

乐观可以被当作一种可以由学习得来的解释风格。解释风格是指个体对成功或者失败进行归因时表现出来的一种稳定倾向。解释风格分为两种：乐观解释风格和悲观解释风格。一个人之所以乐观，主要是因为这个人善于把消极事件、消极体验及个体所面临的挫折或失败归因于暂时、外在、特定的因素，这些因素不具有普遍的意义。与此相反，一个人之所以悲观则是因为这个人学会把消极事件、消极体验及个体所面临的挫折或失败归因于稳定、内在、普遍的因素。

总之，对于乐观的定义可以理解为：乐观作为一种重要的人格特质，是建立在积极的解释风格（归因方式）基础上的对未来事件的积极期望，它是调节人的心理健康和身体健康的一种重要的内部资源，也是衡量大学生心理是否健康的要素之一。

2. 乐观的意义

（1）乐观可以促进健康。决定身体健康有一个很重要的因素就是认知，对健康的看法会督促个体采取行动改善自身的健康状况。积极的情绪状态能够防止和减少疾病的发生，乐观能够保护人们免除疾病，乐观者比悲观者受到传染病的感染概率更低，甚至有研究显示乐观者寿命更长。另外，乐观还可以促进心理健康。与悲观者相比，乐观者适应性强，对生活的满意度较高，形成抑郁的可能性较低。如乐观的大一新生有较低水平的压力抑郁和孤独感，能感受到更多的社会支持，更能够适应新生活。

（2）乐观让人们获得更多的资源。乐观的人更愿意和人交往，这样他们便有可能获得更多的社会支持资源，如朋友的帮助、同事的支持、领导的赏识，从而拥有更多发展自身能力的机会。乐观者拥有更高的自尊，在遇到挫折时，会用一种更积极的心态来评价和分析压力情境，采用任务定向的应对策略，寻找解决问题的方法，寻求社会支持系统；自我接纳并进行自我改进，会积极再定义压力事件，利用爱好或兴趣转移注意力，从而克服困难，获取更多的资源帮助自己前进。

（3）乐观可以增进成就。乐观者和悲观者之间的差异并不在于目标本身，而在于他们在实现目标过程中的差异。越是乐观的人，越是能够积极地期待着实现日常生活中的那些目标。此外，除期望实现目标之外，乐观者还对树立的目标表现出较强的执着度。悲观者即便认为自己的目标是重要的，仍无法保持对目标的执着，不相信它一定能够实现，而总是似乎要停止努力，这也就减少了目标实现的可能性。

（4）乐观能得到更多认同。在日常生活中，乐观的人更容易用自己积极的情绪感染人，他们的言语和行为更易得到认同，因此，成功的概率也会相应增加。

3. 乐观者的表现形式

（1）乐观者能够接纳、认可自己。乐观的人首先要对自己采取一种肯定的评价态度，能够自我认可、自我接纳。

（2）乐观者可以包容他人。对他人采取包容的态度也是乐观者的一个特征。乐观者在与他人相处时，通常能够较多地认识到别人的优点和长处，体谅别人的情绪感受，并乐于同他人交往，能够在与他人交往中获取有益的知识和经验。

（3）乐观者能够从积极的角度思考问题。乐观者常能够以辩证的态度看待周围世界和客观事物，从积极的角度思考问题，在低谷中看到转机。意志坚强的乐观者面对诸多问题，总是抱着仍有可为的态度，遭遇变故时会变得更加坚强。

（4）乐观者具有坚定的信念。乐观者对于自己认准的目标非常执着和忠诚，不会因为一两次失败动摇自己的信念。

（二）希望

若把希望归入情感领域，则希望是一种情绪体验，一种在个体处于逆境或困境时能够支撑个体坚持美好信念的特定情绪，与日常生活中的希望概念相似。若把希望归入认知领域，则希望本身就是一种使个体维持自己朝向某种目标的活动的思维和信念。希望既包括认知成分，又包括情感成分。

满怀希望的人虽然也可能像其他人一样经历了很多的挫折，但是他们形成了自己能应对挑战和不幸的信念，并坚持进行积极的自我对话。当目标遇到障碍时，满怀希望的人较少体验到消极情绪，这可能是因为他们创造性地找出了其他可选择的达到目标的方式，或者灵活地选择了其他更容易达到的目标。遇到困难时，满怀希望的人倾向于把大的、模糊的问题，变成小的、确切的、可控制的问题。

五、幸福感

幸福是一种主观体验。心理学家以个体的主观判断为标准来界定幸福，即认为幸福就是评价者根据自己的标准对其生活质量进行的综合评价。"主观幸福感"是指评价者根据自定的标准对其生活质量进行的整体性评估，它是衡量个人生活质量的重要综合性心理指标。个体主观幸福感的核心内容是对自己生活的总体满意感，即个人对自己的行为和整个生活质量是满意的，而且这种满意感是全面、深刻、稳定、长久的。另外，幸福虽然是主观的感受，但并不全是主观感觉，幸福不是想出来的，而是做出来的，是在做事情过程中产生出来的积极情感与认知。

主观幸福感包括三个特性：①主观性。它存在于每个人自我的经验之中，对自己是否幸福的评价主要依赖个体自己定的标准，而不依赖他人或外界的标准，人们可能具有同等程度的幸福，但它们的实际标准却是不一样的。②稳定性。个体的主观幸福感是一个相对稳定的值，具有跨情景的一致性，反映的是个体长期而非短期情感状况和生活满意度。③整体性。主观幸福感不是指个体对其某一个单独的生活领域的狭隘评估，而是指个体对其生活的整体评价。比如，要了解某个人的生活满意度，并不是仅仅询问其对工作或家庭等某个方面是否满意，而是要了解他对生活总体的满意度。

总之，主观幸福感是个人所具有的一种独特的心理状态，是一个人积极体验的核心，同时也是其生活的最高目标。

（一）幸福感的基本理论

1. 比较理论

比较理论认为，一个人感到幸福与否，是通过将现实的境遇同某一标准进行比较、判断而得到的结果。这一标准可以是内在的，也可以是外在的。当现实条件优于标准时，主观幸福感则高；反之，当标准优于现实条件时，主观幸福感则低。在这一理论中，实际包含了三个子理论：社会比较理论、适应理论、自我理论。

（1）社会比较理论。社会比较理论模型指的是个体从能力、感觉、观点、境况等方面将自己与他人进行比较的过程。这是一种横向的比较，当比较结果显示自己优于别人，那么就能体会到幸福感；当比较结果显示自己不如别人，那么幸福感就会较低。通常，幸福感强的人喜欢做向下的比较，乐观的人更愿意关注不如自己的人的数量；幸福感不强的人既会向下比较也会向上比较；悲观者更愿意关注比自己强的人的数量。在现实生活中，很多人倾向于拿自己没有的跟别人拥有的去比较，拿自己的短处和别人的长处相比较，拿自己现实中的生活情景和电影、电视、互联网等媒体所呈现的典范相比较，从而导致自己不愉快。这种不幸福和这种消极的社会比较是有很大关系的。

（2）适应理论。适应理论指的是相同个体在不同时间内的比较，是一种纵向的比较。它不同于社会比较中自己与他人相比，适应理论就是自己和自己的纵向比较。如果一个人感觉自己现在的生活比过去要好，那么幸福感就会比较强；如果感觉现在的生活不如过去，那么幸福感就会降低。这样的情况在生活中是十分常见的，因为，过去的生活已经成为将来生活的参照标准，被个体用来判断现在生活和过去生活的优劣。一般情况下，当事件第一次出现时，能够使人产生明显的幸福感与不幸感，但是随着事情的反复出现，它激发主体情感的能力就会逐渐下降。因为，人们可以逐渐适应好的环境，不再感到幸福，就像"身在福中不知福"这句话所表达的；但反过来，人们也可以逐渐适应坏的环境，不再感到不幸。这个时候，只有事件发生了改变才能再一次使人产生情感变化。但人通常具有比较强的适应能力，以至于往往觉察不到事件对自身的影响，这就可以理解为什么生活事件对主观的幸福感影响较小了。

（3）自我理论。自我理论可以看成是适应理论的分支。心理学上将"自我"划分为"理想自我"和"现实自我"两部分，而这个比较的标准是"理想自我"。当个体认为现实自我要优于理想自我时，幸福感就会提升；反之，当个体认为现实自我与理想自我相差甚远时，就会产生不良情绪，幸福感会大大降低。例如，理想中的自我是一个有修养、有气质、收入高、受人尊重、人际关系良好的人，如果现实果真如此，人们就会感到很幸福；而若现实与此有很大差距，人们就会感到失败、沮丧。

2. 活动理论

活动理论认为，主观幸福感产生的来源是个体活动本身，而并不是目标的实现。例如，足球运动中，所有运动员在比赛中相互协作、互相支持，为进球而欢呼，为失球而遗憾，在这中间，每个人都体验到参与足球运动所带来的快乐，而比赛的结果已经不是最被人关心的了。幸福感来自有价值的活动本身，在人们投入某项活动时，个人、行动和意识相交融，注意力高度集中，甚至感觉不到时间的流逝，这种物我两忘的境界会使人产生一种难以言喻的喜悦。这种理论与幸福在追求的过程中的说法接近。

3. 目标理论

目标能够对人的情绪、主观愿望产生影响，它是情感系统重要的参照标准。目标理论认为，生活目标与主观幸福感的各个组成部分是有关联的。目标是否达成，追求目标的策略是否成功，会对个体的自我和生活满意度产生明显的影响。因此，可以说主观幸福感是依赖于生活目标的。目标必须与人的内在动机或需要相适宜，才能提高主观幸福感。缺少目标、目标之间的矛盾和冲突、指向目标的活动受干扰则会产生负性情感，从而降低个体的主观幸福感。个体实现具有内在价值的目标（如利他性）比实现外在的目标（如资金、地位等）更能激起人的幸福感。

（二）幸福感的主要影响

幸福是一个人积极体验的核心，同时也是其生活的最高目标。幸福的核心内容是对自己的总体满意感，这种满意感是全面且深刻、稳定而长久的，所以对身心健康具有较大影响。幸福虽然是主观的感受，但它是行动产生的积极情感和认知，幸福在于在做正确的事情的过程中实现了自我潜能，获得了安全感、幸福感以及个人成长。同时，幸福有别于快乐，幸福是一种比快乐更加高级和复杂的情感，快乐是即时的，与正面刺激有关的身体反应，在快乐面前人是被动的，快乐不一定幸福，快乐有时甚至是对幸福的损害。

在心理学理论中，当人类认识到需要满足自我及实现理想时会产生一种情绪状态，这种状态就被称为幸福，幸福是由需要、认知、情感等内在心理因素和外部因素通过交互作用而形成的，它是一种多层次且复杂的心理状态和整体性评估。幸福是人们按照自己的标准对生活进行的评价，也是衡量生活质量的重要心理指标。人的主观幸福感能够影响个体的免疫系统，从而进一步影响到身体健康。主观幸福感强的人要比缺乏主观幸福感的人的免疫系统工作更为有效。例如，笑可以促进积极情绪的产生，提升免疫系统功能，而这种改善是通过积极情绪的主观体验来调节的，这表明主观幸福感产生的积极情绪能够促进健康。幸福是一种主观体验，个人一旦体验到生活的意义就产生了幸福感。

六、健康的身体

身体是人类存在的基础。有了健康的身体，才能更加积极有效地投入学习和工作中，更加充分地享受生活的乐趣。因此，大学生需要照顾好身体，保持健康。运动不但能改善生理质素，更能改善心理质素；运动能快速减轻紧张、焦虑的感觉以及加强活力感，而且这些功效是长期性的。酣睡有舒缓作用，能帮助消除压力、改善情绪。因而坚持锻炼、充足睡眠和健康饮食习惯都会对身体和精神健康大有裨益。此外，专注力练习及冥想是减压良方。通过培养放松精神的技巧，如冥想等活动可以令人有效得到精神及情绪上的平静。

七、人际关系

（一）人际关系的含义

一个人的幸福和快乐、痛苦和不幸离不开人际关系的影响。在人的所有经历中，无论是痛苦的、快乐的、悲哀的还是幸福的，无不与人际关系相关。人际关系是人们在社会生活中，通过相互认知、情感互动和交往行为所形成和发展起来的人与人之间的相互关系，是人与人之间通过交往、相互作用而形成的直接的心理关系或心理上的距离，它反映了个人与群体寻求满足需要的心理状态。人际关系是在人与人之间发生社会性交往和协同活动的条件下产生的，会对个体的心理和行为产生深远的影响。

（二）人际关系的意义

人际关系的变化和发展，取决于交往双方在交往过程中物质和精神的需要能否得到满足。因此，人际关系反映的是人与人之间的心理距离。良好的人际关系，尤其是父母与子女、夫妻、亲密朋友之间等关键的人际关系的融洽，是人生幸福的最重要的决定因素之一。积极的人际关系的意义，主要包括以下几方面。

1. 人际关系对社会组织的意义

积极的人际关系对社会组织的意义，主要包括：①人际关系是培养社会组织内部"家庭式氛围"的必备条件；②处理和协调好人际关系是增强群体凝聚力和向心力的重要因素；③处理和协调人际关系也是提高工作效率、完成群体目标、实现人的价值的内在要求。

2. 人际关系对个人的意义

（1）建立并保持良好的人际关系有利于个体的社会化。个体社会化指的是，人通过学习知识、技能以及特定的社会准则与规范，来获得社会有效成员资格的过程。个体社会化水平在一定程度上代表着成熟程度与能力的强弱，而良好的人际交往能力既是个体社会化的必备条件，也是完成社会化的有效途径。

（2）建立并保持良好的人际关系是人的基本心理需求。人在保证了基础生存需要，获取了基本的安全需要后，就会在精神方面有更高的需求，如需要人际交往，获得尊重、爱以及自我实现。而且，即便是为了基本生存，其实也需要一定的人际交往，可以说，人在满足任何一个层面的需要时都离不开人际交往。

（3）建立并保持良好的人际关系有利于个体的身心健康。良好的人际关系对于个性的发展和心理的健康有着很好的帮助作用，主要体现在：①代偿作用。良好的人际关系可以在一定程度上代替亲情，起到消除失落感与孤独感的作用。②稳定情绪。人在遇到烦恼的时候能够找人倾诉，在快乐的时候能与人分享，这些都能够使人获得情感上的稳定。③良好的人际关系有助于发展和深化自我意识，能使个体具有归属感与安全感，进而获得自尊心与自信心。健康的个性和良好的人际交往是息息相关的，心理越健康，人际交往越积极，就越接近社会的期望。心理健康的人往往拥有有利于人际交往和建立良好人际关系的个性，他们友好、温和、真挚、信任别人也被别人信任。同样，健康的心理也来自人际关系良好的和睦家庭，这充分说明了人际关系状况会影响个性发展和身体健康。

（4）人际交往是人生幸福的需要。对于人生幸福而言，良好的人际关系具有重要甚至是首要的意义。生活是否幸福在一定程度上取决于在日常生活中与配偶、子女、父母、恋人、同事、朋友等的关系是否良好。如果与其他人保持深刻的情感联系，那么，通常会感觉生活是幸福且具有意义的；相反，如果没有良好的人际关系，则会感到缺少目标和动力，甚至感到沮丧和抑郁。可见，在人的精神需要方面，人际关系远比获得成功、名誉和地位更为重要。

（5）良好的人际关系有利于事业的成功，这是因为良好的人际关系能够完善人的品格，帮助个体开阔眼界，获得更多的信息交流机会和事业上的支持与帮助。

因此，大学生应建立良好的人际关系，积极与人相处，以提升自己的生活质量，这也是人际关系心理发展的最终目标。

八、人格与自我意识

人格与自我意识是经营人生的要素。人生的成长目标是达到自我实现，也就是最大限度地了解自我、发展自我、成就自我，达到自我完善和自我超越。人的自我实现在于协调缩小理想自我与现实自我的差距，使两者达到最完美的结合。

积极心理学将积极的人格定义为一系列积极素质的综合体，它的特点是有洞察力团结合作精神、善良和充满希望等。积极的人格特征中存在两个独立的维度：①正性的利己特征，指接受自我，具有个人生活目标或能感觉到生活的意义，能独立、成功或能够应对环境和环境的挑战；②与他人的积极关系，指的是当自己需要的时候能获得他人的支持，在别人需要的时候愿意并且有能力提供帮助，看重与他人的关系并对于已达到的与他人的关系表示满意。所以，积极的人格有助于个体采取更为有效的应对策略，从而更好地面对生活中的各种压力。

自我可以分成两个方面：即作为客体的自我（经验的自我）和作为主体的自我（纯粹的自我）。自我意识就是指人们对自我的认识以及对自己和周围人关系的认识。自我意识的结构可以分为以下三个层次：

（1）自我认知。自我认知是自我意识中的认知成分，也是首要成分，它包括自我感觉、自我概念、自我观察、自我分析和自我评价，它是自我调节控制的心理基础。在自我观察的基础上反思自身，就形成了自我分析。对自己的能力、品德和行为等进行社会价值评估就是自我评价，它是一个人自我认知水平最重要的体现。

（2）自我体验。自我体验是自我意识中的情感表现，其具体内容包括自尊心与自信心。自尊心指的是个体在社会中获得的与自我价值有关的积极体验与评价；自信心指的是个体对于自己能否承担并胜任任务而产生的自我体验。自尊心和自信心与自我评价具有十分紧密的联系。

（3）自我调节。自我调节是自我意识中的意志成分，它主要体现在个体对自身行为、活动与态度的调控上，其具体内容包括自我检查、自我监督和自我控制等。自我检查指的是主体将自己的实际活动结果与活动前预设的目的进行比较的过程；自我监督指的是主体以内在行为准则或良心为标准，对自己的言语行为进行监督的过程；自我控制指的是主体主动对自身的心理与行为进行掌握的过程。自我调节直接作用于个体行为，它是个体自我教育与发展的重要机制，同时，也是自我意识能动性质的表现。自我意识调节的具体内容表现在以下几点：启动或制止行为、心理过程的加速或减速、心理活动的转移、动机的协调、积极性的加强或减弱以及根据计划对行动进行监督检查等。

人不是一生下来就具有自我意识的，它是在个体成长与发展中逐步确立并形成的。首先，人会建立对他人和外部世界的认识，然后才开始认识自己。自我意识是通过与他人的交往，根据他人对自己的看法和评价逐步形成的，这种认识自我的过程将伴随人的一生。人们应该懂得，每一个生命都是被选择的，只要出生就是有价值、有意义的，因此应对生命充满珍惜与感激、热爱与欣赏。积极的自我同一性是自然而然的、发自内心而不用借助言语的承诺或外在的东西为自己增加暗示力量的心境或者情绪。

第四节　大学生心理健康问题与维护

大学是人生发展的重要时期，承载着许多美好的愿望，同时也充满着矛盾和冲突，甚至危机。一方面，大学生思想单纯、生活阅历简单，承受挫折的能力较弱；另一方面，大学生面临着学业压力、经济压力、就业压力，也面临就业与升学、恋爱与学业、生存与发展等多方面的矛盾。如果不能适时调整自我，积极地接纳自我，提高自控能力，就容易引发内心的矛盾冲突，出现多种形式的心理和行为问题，甚至出现严重的心理失衡，从而导致自伤、自杀及伤人等违法事件。

高校需要帮助大学生树立良好的心理健康意识，培养积极的心理品质，增强大学生的社会适应能力并提升心理保健水平，以积极向上的心态开拓自己的人生。大学生为了自身的成长和成才，也要主动增强心理健康意识，认真学习和掌握一些相关的知识和心理调节技巧，加强自我管理、自我教育和自我服务。

一、大学生常见的心理问题

据相关机构调研，当今大学生的心理健康状况总体较好，但也有一定比例的人存在各种不同程度的心理异常，这给他们的学习、生活和健康发展带来了严重影响，因此需要引起高度重视。当代大学生存在的心理问题主要是成长、发展中的问题，包括以下几方面。

（一）心理适应方面

大学生适应新的角色、任务和环境的过程，会带来许多心理问题。适应问题包括新生入学的生活适应，心理适应、在校期间角色变化的心理适应，日常行为习惯的心理适应，毕业时的心理适应等。其中以新生入学后一周到两个月之间，不适应表现最为集中、最为明显，具体表现为不能适应集体生活、不习惯离开家、不会照顾自己、难以入睡等。

（二）自我落差方面

在大学生的自我发展中，既存在自我认识、评价与实际情况的差异问题，也存在理想自我与现实自我的落差问题。理想自我与现实自我的不平衡是心理问题产生的重要因素。如何协调理想自我与现实自我的不平衡、如何看待自己，是大学生发展阶段面临的重大问题。另外，过度的自我接纳与过度的自我拒绝、过度的自尊与过度的自卑、过度的自我中心与过度的从众心理、过度的独立意识与过度的依赖心理、尤其是自卑心理等问题也是大学生自我意识问题的主要表现。

（三）学习学业方面

在校大学生的主要任务是学习，圆满地完成大学期间的学习任务几乎是每个大学生的愿望，但学习压力过大、目标不明确、对所学专业不感兴趣、动力不足、注意力不集中、成绩不理想、方法不适应、对教师的授课方式不习惯、考试焦虑等学业问题或多或少地困扰着每一个大学生。大学相对中学而言，有更多的自由支配时间，有的学生进入大学后，一方面缺乏明确的学习目标、学习动机；另一方面学习独立性差，缺乏毅力和韧劲，会出现较严重的学习倦怠现象，导致学习生活质量低下，缺乏应有的活力和热情。

（四）情绪与情感方面

大学生处在人生的重要阶段，通常面临着来自个人、家庭、社会等各方面的压力，学习生活的重负担、家庭给予的高期望、社会市场的竞争压力都促使大学生的心理、情绪处于紧绷状态。通常情况下，合适的心理压力能够转化为前进的动力，大学生能够出现超常发挥的学习状态，从而呈现出正向调节作用；但若是心理压力过大，或是大学生没有充足的能力去解决相应的问题，则会产生负面情绪，影响正常的生活状态。在情绪问题方面，比较突出的表现包括以下方面。

（1）抑郁。表现为个体心中持久的情绪低落，常伴有身体不适、睡眠不足等，以及心情压抑、沮丧、无精打采、不参加活动，在学习和生活中没有精神，逃避参与。

（2）焦虑。这是大学生最容易产生的情绪状态，主要分为考试焦虑以及自我焦虑等。考试焦虑基本是大学生活中的一种普遍状态，特别是在学习基础差、能力较差的学生身上得到充分展现；自我焦虑主要是因为对生活、异性上倾注了较多的精力，容易受到来自各方面的影响，会产生担心、害怕、厌倦的心理。

（3）情绪不稳定。对于生活丰富多彩的大学生而言，容易受到外界各种因素的影响。这个时期的学生情感方面表现为更加强烈的特征，情绪、心理存在内隐性，情绪易失衡、失控，任何细微的情况都能够影响情绪产生波动。

（五）人际关系方面

良好的人际关系是大学生成长成才与良好社会化的重要支持，也是保持良好心理状态的必备条件，它使人获得安全感和归属感，得到支持与理解，给人精神上的愉悦和满足；而不良的人际关系使人压抑和紧张，感到孤独与寂寞。对刚跨入大学校门的学生而言，在人际关系方面主要有以下表现。

（1）人际关系不适。进入大学，远离熟悉的生活与学习环境，面对来自不同的人际群体，许多思想和习惯碰撞在一起，学生会产生一定程度的不适应。部分学生对大学的师生关系、同学关系、异性关系显得很不适应。

（2）社交关系不良。大学能够基本呈现出社会具备的各种要素，学生可以利用这种独特的平台展现自身，发挥自己的才智、特长。但是其中不乏欠缺勇气、能力、技能的学生，他们害怕失败，却又期望自己能够从中展现自己，并表现出极大兴趣。还有部分学生既渴望友谊，又不敢主动出击，表现出退缩甚至回避。这种情况容易导致学生之间出现猜忌，无法与他人进行正常的交际、交往，以及无法建立友好的人际关系等问题，这些问题不利于心理健康发展。

二、大学生心理健康维护的准备工作

（一）正确评估大学生的心理健康状况

如何正确评估和认识大学生的心理健康状况，是高校开展心理素质教育的基础。评估过高或过低，都会影响人们对心理素质重要性的认识，进而影响学校领导对心理素质教育的重视程度，也会影响高校心理素质教育的性质和方法。高校的心理素质教育应当坚持以发展性、教育性为主，着重培养学生良好的心理素质。

高校的心理素质教育既区别于医院的以治疗心理障碍和心理疾病为主的模式，也区别于社会上的以问题咨询为主的模式。高校要实现培养学生良好的心理素质这一目标，须采用多种教育途径，如开展大学生心理健康课程教学、心理咨询等多种教育方式，不能单纯靠心理咨询这一种教育方式。因为大学生的心理在总体上是健康的，一些学生产生的心理问题多是自我认识、人际交往等个人成长中的问题，因此高校的心理咨询应当以积极取向心理咨询为主，以问题取向心理咨询为辅。

（二）关注大学生心理健康的发展变化

人的心理总是在与外界环境的互动中变化、发展。大学生心理健康状况的发展变化既与他们自身个体因素有关，也与他们成长的家庭环境、学校环境和社会环境，以及这些外在环境的变化有关。因此，高校开展大学生心理素质教育要研究处于不同阶段、不同环境下学生的心理特点，还要研究他们的心理变化规律，以使教育更有针对性，并取得最佳的教育效果。

1. 关注不同群体的差异

不同群体学生的心理发展状况存在差异，应当根据不同学生群体的特点，开展心理素质教育工作，主要包括以下方面。

（1）针对性别特点开展对大学生的教育。在性别维度上，男女生在心理健康程度上基本一致，没有显著差异。高校要根据男女生的不同性别特点，开展适合他们特点的心理健康教育。

（2）针对年级特点开展教育。大学生心理变化在年级上呈现较为确定的规律，即大学一年级向二年级过渡时，心理问题的筛查率普遍呈升高趋势；

大学二年级后，心理问题的筛查率普遍呈下降趋势。处于大学一年级至二年级过渡期的大学生的心理状况更容易出现问题，这就要求在实际工作中，除了紧抓新生心理教育，更需特别关注大学二年级学生的心理教育。

（3）加强家庭不健康学生的心理教育。一般而言，父母关系较差的学生心理健康水平相应地要低于父母关系较好的学生心理健康水平。亲子关系很紧张、有很大压力的同学中，存在心理隐患的同学比例远高于亲子关系上没有压力的同学比例，所以高校要了解学生的家庭状况，关注家庭不和谐学生的心理教育。

2. 关注大学生的人际交往

当今大学生的内在开放程度相较以往降低，与人相处更加冷漠。这说明大多数大学生在交往的过程中更容易停留在表面，深入并有质量的人际交往越来越少。大学生看似不缺朋友，但能真正在内心有所联结的朋友并不多。人际交往中的淡漠是每一个大学生在生活中能够直接感受到的。同时，人际关系的淡漠可能也是导致大学生情绪低落的重要原因。高校心理教育工作者应该努力为大学生们提供有质量的交往平台，创造良好的人际环境，加强大学生的人际交往训练，增进大学生人际之间的亲密感。高校日常要多关心大学生，了解其深层心理，协助他们开放自我，并引导大学生融入集体活动中，增进与人交往，学会寻求帮助，减轻压力，积极面对自我成长。

三、大学生心理健康的维护方式

（一）掌握健康的生活方式

如何鼓励人们形成健康的行为模式是现代健康心理学家感兴趣的。健康来自健康的生活方式，即好习惯的坚持。大学生应养成健康、文明的生活方式，如合理作息、起居有常、膳食平衡、科学用脑、劳逸结合、积极休闲、适量运动等，主动杜绝沉溺网络、暴饮暴食、过度节食瘦身、晚睡晚起、饮食不规律等行为。

大学生应积极参加学校开设的有关心理健康知识的课程、专题讲座和心理健康知识竞赛等活动，阅读相关书籍，查阅心理网站等，了解和掌握心理健康的有关知识。平时多阅读相关书籍，能自我治疗由精神和情绪引发的疾病，如抑郁、焦虑、紧张、恐惧、偏执症等。

（二）培养良好的人格品质

良好的人格品质是大学生心理健康的重要标准之一。大学生应主动培养与心理健康有关的状态和品质，而能够促使个体认识心理健康的状态和品质，有六种潜在的过程，包括：①自主性；②环境控制力；③个人成长；④与他人的积极关系；⑤生活的目的；⑥自我接纳。

一般而言，心理健康的人应该具备以下九种比较有代表性的积极品质。

（1）提升人们的幸福感。对于一个人而言，心理健康状态的保持主要是由自身需求的满足、安全感等带来的，继而出现快乐的心态。

（2）实现内心的和谐。实现心理健康还要做到内心的协调、和谐，保持积极乐观的心态，并且能够对目前情况境遇、待人处事原则、正在做的事情、未来目标的期望等各种状况。内心和谐的人拥有健康、积极的处事心态，面对困境时也能够让自己充满信心和勇气，并努力改变现在的境遇，在将来的目标、现存的难题中处于内心协调状态，即所追求的、所希望的、所有愿望之间是和谐的。

（3）自尊感。拥有自尊感能够让自己从心理上呈现自信的状态。自己尊重自己，在任何时候都能维护自身人格尊严，是一种积极、正能量的性格品质，并且可以保持一颗欣赏自己的心态。自尊心比较低的人，不容易接受自己身上的一些不足、缺点，不敢尝试会触及自尊的一些事情，因而心理就不够健康。

（4）个人成长发展。对于每个人而言，人生需要经历的每个阶段都是既定的。在这其中，每个阶段需要做的事情、应承担的义务都不同。健康的成长需要顺应成长阶段，随着生理的变化而产生心理层面的变化、发展，做出与自己的成长方向相符合的行为。如果自己的行为没有随之产生变化，没有承担起自己应负的责任，那就说明个人的成长并不顺利，不能完成应该完成的任务；如果达不到相一致，那就需要总结一下，找出问题出在哪里。

（5）个人成熟。表现形式为个体的思想观念发生改变，对人、对物、对事的态度已经变得理性、得体，人际关系能够处理得很好，看法能够随环境变化发生改变。即个人社会化程度的高低，言谈举止能不能为周围的人所接受。

（6）人格的完整。人格的完整指自己的感觉、知觉、记忆思维、情感、抑制活动相互之间协调一致。

（7）与环境保持良好的接触。作为心理健康的人，应该跟周围的环境有一种良好的接触，整个心理活动是对现实环境的一种反映。

（8）适应环境。个体能够有效融入一定的环境条件，从生理、心理以及言行举止上共同接受、适应所生存的环境，这样才可以促使个体心理的健康。

（9）在环境中保持独立。个体除了要适应环境的要求，同时还要保持独立。即要给自己一定的调整自身行为的空间，这样不仅顺从了环境，同时又保持了独立性。而要处理好适应和独立的辩证关系，需要不断地汲取经验，不断地观察，不断地学习。

（三）掌握弹性方法

可以使用"弹性"来描述很多大学生奋力克服所面临的逆境，表现出来的品质。弹性的组成元素主要包括坚持、顽强、目标性、健康的成功导向、成就动机、教育期望、对未来的信念、期望感、目标感和一致感。这些要素组成的弹性品质使得人们能够以健康和灵活的方式去应对逆境。

（1）顺应世界变化，做到随"变"。世界上唯一不变的真理是世界永远都在变化。发展变化是世间的恒理，对抗只能让自己徒增苦恼。随"变"是一种境界，也是一种姿态。

（2）勇于面对挫折，善品生活诸味。人生并不会万事如意，如果所有事情都在自己的意志范围内，所预料的必然会发生，非意欲的必然都不会发生，那么生活就没了趣味，世界便少了精彩。

（3）正视不公平，要多从差异化视角看问题。不公平是世界上最大的公平。因为在不公平这个问题上，所有人都公平地享有。如果有区别，是一些人比另外一些人觉得更为不公平。世界是多态的，文化是多元的，生活是多彩的，这是世界丰富的写真。

（4）给自己足够的应对时间。在压力或者逆境中，很多事情都不能一蹴而就，应给自己充足的时间，厚积薄发，方能成就未来。对于压力或者逆境，只要直视他们，便没有那么可怕。聚精会神地解决，困难就会化解。

（5）压力或者逆境应对中要善待自己。在压力或者逆境应对中，拼的是身体和健康，个体要善待自己，确保拥有一个健康的体魄，这是解决一切问题的关键。

（四）提升心理的调节能力

大学生需要用心经营振奋、快乐、幸福等情感因素，具有积极心态的人应明白，人的本性决定了个体会有痛苦的情绪，只要把目光放在积极的方面，任何痛苦的事情才不会长期持续。

大学生需要学会客观、全面、理性地看待问题，以积极的认知方式面对生活；学会以适当的方式宣泄不良情绪，调节和控制自己的情绪。需要掌握以下心理调适方法。

（1）积极的自我暗示。人只要心里觉得快乐，大多数都能做到。大脑分不清哪些是真正事物，哪些是想象事物，积极的心理暗示就是自己通过积极的语言、动作等影响自己心理的过程。比如，生气时，提醒自己"冷静"；紧张时，提醒自己"平静"；在演讲之前，想象自己站在讲台上会很轻松。

积极的心理暗示可以有效调节情绪、增加自信和矫正不良习惯。

（2）自我激励。自我激励是动力的源泉，也是保持心理健康的有效方法。自我激励就是用生活哲理、榜样力量或明智的思想观念来激励自己。例如，遇到棘手的问题时，相信自己一定会有办法走出困境；用坚韧的意志和精神去实现自己的目标。

（3）情景转移。当遇到挫折时，可以离开引起苦闷或愤怒的环境，把注意力从消极情绪转移到积极的方面去，使自己的情绪恢复稳定。比如，遇到挫折时出去散散步、听音乐、做其他有益的事情，这些行为对消除烦恼和愤怒的情绪非常有效。而且处在抑郁或焦虑中的人，花点时间去帮助别人比自身的娱乐活动，更能减轻自己的症状。

（4）情绪宣泄。把自己的烦恼、委屈、痛苦向别人倾诉，或通过哭泣、唱歌、运动等形式宣泄出来，以释放心理压力。不同的事件需要不同的应对风格。因此，大学生可以多尝试不同的方式来应对烦恼和困惑。

（五）适当地进行心理咨询

当心理压力过大，或心理困扰难以解开，自我调节起不到较好效果时，应主动、及时寻求心理咨询的帮助。心理咨询主要是通过行为、情感交流等方式介入咨询者的心理环境，帮助他们解决无法自行调节的心理问题，从而使咨询者建立起自尊、自立、自强的心理状态。在大学校园设置的心理咨询室与社会上的略有不同，它主要对大学生在学习、生活、就业、个人发展等方面的问题给予帮助、引导，对于有严重心理问题的学生进行心理干预和治疗。

大学生可以针对困扰自己的问题去咨询心理教师。但是，心理咨询不是心理治疗，心理咨询主要通过语言、情感、行为等介入方式，将心理学理论层面的知识、理念、原则综合应用在现实情况中，帮助咨询者解决问题、建立自信，发生从情绪、态度到情感、心理方面上的改变，从而使咨询者能够在所处的环境中提高自己的适应能力和调节能力。

第二章
大学生心理健康课程建设基础

第一节　大学生心理健康课程的建设理念

"从心理健康教育走向心理健康服务，已经成为高校心理健康教育发展的必然趋势。"❶ 课程的教育理念是课程建设的核心，决定了教学目标、教学内容的建构、教学方法的选择。建设大学生心理健康教育课程，应当遵循的理念主要包括以下内容。

一、课程教育的关注点是人

大学生心理健康教育课程关注的是人，是学生这些活生生的人的心理健康。人是课程设计的出发点，理论和知识都是为人服务的，不能本末倒置。关注人的课程价值理念，就是要在课程内容设置上，研究大学生的心理发展特点，大学生心理成长发展的需要，大学生心理发展的困惑，以学生为中心选择课程内容，选取相应的心理学理论；关注人的课程价值理念，就是要找到研究学生喜欢和可以接受的教学方法，使学生真正愿意学，喜欢学，学以致用，达到人格的完善和心理的健康发展。

二、课程以学生生命成长为议题

关注学生生命成长的积极取向为整个课程内容的立足点。从人的心理健康的发展来看，心理健康有三种不同层次的标准：一是低线标准，即心理健康就是心理的非病状态；二是心理健康就是良好的适应状态；三是要求较

---

❶ 项瑜 . 大学生心理健康教育课程建设的思考 [J]. 湖州职业技术学院学报，2022，20（1）：10.

高的标准，指负责任、成熟、积极的状态。目前心理健康标准大多是第二种即心理健康就是良好的适应状态，而第三种鲜有涉及，这会使学生误认为心理健康教育只针对有心理疾病的人或易产生心理疾病的人，导致一般学生不愿积极主动地参与，因此没能起到很好的教育效果。引导人们关注和挖掘个体和群体中积极的品质和潜能才是使人更幸福的关键，是心理教育关注的重点。

因此，心理健康教育课不管在教育取向还是在教学内容上都需要重新调整：变呈现问题、谈论危害、提出解决之道的消极应对模式为发现问题背后的意义、自我接纳、增强正向能量的积极成长模式，提倡素质和潜力的培养，激发学生的潜能，而不是问题行为的矫正。因为人的心理是不断变化发展的，处于成长阶段的大学生更是如此。他们在成长过程中会遇到各种心理困扰，但同时又具有巨大的心理潜能。

教师要相信通过心理素质教育课程，一定会使大学生发生积极的改变，即使外在改变不明显，其内在生态系统的改变一定会发生。另外，促进学生心理发展还要积极引导学生。教师的教学设计和要求要稍高于大学生现有的心理发展水平，让学生通过努力可以达到目标，体验成长的快乐，激发学生的主观能动性，不断开发大学生的心理潜能。此外，促进大学生心理发展，需要大学生心理健康教育课程的内容、教学方法、课程风格及展现形式根据时代的发展、大学生的接受水平不断进行调整，将心理健康领域最新的研究进展、最适合学生成长的健康理念传递给学生，引导学生走向自我实现之路。

三、课程意在激发学生主动学习

大学心理健康教学的核心是促进学生了解自己，让学生在原有的基础上变得更加积极主动，投入生活，学会为自己负责，为自己做选择，做决定。而学生要做出这样的改变，既不是靠教师的讲授，也不是靠教师从外部的灌输可以完成的；必须经由其由内而外的心理转化才能达到。因此，只有充分重视和尊重学生的内心世界，才能促使其去发现并接受真正的自我，学会为自己负责，并做出适合自我个性的选择。这个过程中，只有靠激发学生内在的主动性，让其从"要我学"到"我要学"，使他们从单纯接受者的角色转变为学习过程的主体，从接受式学习转变为发现式学习、探究式学习，才能激发学生的学习欲望，提升学生的学习兴趣，培养学生的创新思维和创新能力，使学生以积极主动的状态参与教学活动。

心理健康教育课程重在关注生命成长，即让心理健康教育课程的学习成为师生人生中一段重要的生命经历，成为其生命中有意义的构成部分。一方面，关注生命不仅要尊重每一位学生，注重让学生在课堂上积极参与，使他们在体验中感悟，在感悟中收获成长，还要在传授心理调节知识和技能的同时，培养学生健全的心智与健康的人格，充分领悟和体验生命的意义和生活的价值；另一方面，课堂教学是教师职业生涯中的重要组成部分，课堂上学生与学生之间的分享、师生之间的互动、学生的疑问和反思都可能成为教师专业成长、情感升华、体验到生命价值的重要契机。心理健康教育课程让课堂焕发出生命的活力，成为学生和教师体验生命价值、感受自我成长、进行生命实践的重要舞台，对教师和学生的生命成长都具有重要的意义。

四、课程注重理论联系实际

心理健康教育课程要帮助学生获得更好的心理发展，更好的成长，就必须回归生活，在课堂学习时注重理论联系实际，学习后将所学的理论方法付诸实践，使自己在生活、学习上更适应，拥有幸福感。心理健康质教育课程若想回归生活，就要以真实的生活环境为中心设计教学内容和教学活动，通过对大学生在生活实际中遇到的适应问题、人际关系困扰、情绪管理、生命困惑、危机事件等给予指导，帮助学生将所学的心理调适之道应用于生活中，关注生活、体验生活，提升生活品质，成为自己身体健康与心理潜能的开发者。

心理健康教育课程回归生活，就要敢于直面学生在心理发展中的热点问题。对于学生提出的热点及敏感话题，不回避，不说教，而是从关爱出发，引导学生讨论，让学生学会为自己、为他人负责，从而做出正确选择。课程设置可以从以下方面来理解。

（1）课程价值取向方面。心理健康教育课程培养的是热爱生活、接纳自我、身心和谐的人，而不是进行心理学研究的研究者。心理健康与大学生的学习、生活息息相关，是生活中重要的构成要素。通过心理健康教育课程，可以帮助大学生对生活经验进行整理、反思和丰富，在课程生活和整体生活的互动中成为一个身心健康的人。

（2）课程目标方面。心理健康教育课程致力于人与人、人与自然、人与社会的和谐健康发展，培养学生悦纳自我，热爱生活，积极交往，形成健康向上的情感态度价值观，同时注重大学生一致性与差异性的统一，培养学生尊重彼此的差异性，学会欣赏别人，处理好大学生在生活中的各种人际关系。

（3）课程内容方面。在课程设计方面，可以将大学生在生活中不可避免会遇到的心理困扰及其关注热点引入心理健康课堂，具体内容包括生活适应、学习适应、情绪管理、人际关系、恋爱与性、珍爱生命、应对挫折、转换生活视角等。心理健康生态课程内容不仅存在于课本，生活是更广泛的课程内容，心理素质教育课程就是让大学生针对从生活中发现的各种问题，学习心理调适之道，并将所学知识应用于生活实践，从而提高大学生的适应能力，达到人与自然、人与社会的和谐统一。

（4）学习效果评估方面。可以分别从自己评估、教师评估、同学评估三种方式对大学生进行评估。不仅要评估大学生对课堂上学到的心理健康知识和心理调适方法的掌握情况，更要重视大学生的知识获取及应用能力，即大学生是否能在日常生活中关注自己和他人身心健康，通过阅读、开展或参与心理素质教育活动等方式提高自己的心理健康水平，并主动将所学知识应用于生活实践。此外，课程评估不仅要评估大学生学习心理素质教育课程的结果，还要关注在整个学习过程中，学生参与课堂及课外活动的积极性及态度。

第二节　大学生心理健康课程的建设目标

一、培养学生的心理素质

大学生心理健康教育课程作为一门课程，必然要讲授科学的理论和知识。但是，讲授理论和知识不是这门课程的主要目的，它的目的是通过理论知识的讲授，增进学生的心理健康，培养学生良好的心理素质。"优秀的心理素质是现代大学生必须要具备的重要素质之一，良好的心理素质是成功的坚定基石。"❶一个人的成长应当具备综合的素质，包括政治素质、思想道德素质、科学文化素质、身体素质、心理素质等。在所有的素质中，心理素质是基础。培养良好的心理素质是学生成长成才的关键，而大学生心理素质教育就担负着培养大学生心理健康的任务。

---

❶ 陈微. 浅谈大学生心理素质 [J]. 山西青年，2019（24）：175.

二、增强学生的自我调节能力

大学生正处在身心发展和人生发展的关键期，面对自我成长中的自我认识、人际交往、学习与生活中压力、性心理和恋爱心理的发展、职业生涯规划与人生规划、就业与择业的各种课题，必然会产生各种心理困惑。通过大学生心理健康课程的学习，培养其自我心理调节能力，不但能够促进他们在大学期间的心理健康发展，而且能培养其为今后发展具备的适应与发展能力，促进人生更好的发展。

三、内化相关理论知识并进行应用

大学生心理健康教育课程要达到增加学生心理素质，培养学生的心理调解能力的目标，重要的是让学生所学习的心理学的有关理论和知识内化到内心，变为自我完善的自觉行动。仅把心理学的理论和知识当作应付考试、获取分数的资本，而并没有达到对其的真正理解和运用，就会形成理论和实践分开，学习和应用脱节的状况。那么学再多的理论，懂再多的方法，也不会对自身的心理健康发展起到作用。因此，大学生心理健康教育课程的教学必须落到实处，内化到学生的内心深处。

第三节　大学生心理健康课程的基本特点

"大学阶段，心理健康教育课程是对大学生进行心理健康教育的有效途径，是提高大学生综合心理素养的有效方式。"❶大学生心理健康教育课程不

---

❶ 杨超 . 基于积极心理学理念的大学生心理健康教育课程改革 [J]. 现代职业教育，2023（5）：172.

同于其他课程，这门课程的教学设计灵活多样，教师可以根据对学生的心理发展特点的认识，自主地确定教学重点，采取灵活多样的教学形式，如课堂讲授、案例分析、情景模拟、角色扮演等；教学过程具有开放性和实践性，强调学生在课堂教学及日常生活中的主动性和参与性；教学效果强调个人的体验和成长，通过教学活动学生得到了新的领悟，掌握心理调适技能，获得进一步的成长。

一、大学生心理健康课程的体验性

（一）体验的特征及其定位

体验是指外界事物、情景所引起的个体的内心感受、体味或经历，通过亲身经历学习做人做事的道理，并转化为自身的行为习惯。体验是学生心理素质形成和发展的核心。体验这种心理活动是由感受、情感、理解、联想、领悟等诸多心理要素构成的，具有以下特征。

（1）情感性。即对某物有体验，必伴随对之产生的某种情感。情感是体验的核心，没有情感，活动主体就不会对活动保持积极的态度，不会全身心地投入到活动中去，也不可能产生"主客融合"的效果。

（2）意义性。即主体对某物有深刻的体验，体验是一种产生情感且生成意义的活动。深刻的体验必然会理解到它在主体心目中的独特意义，或者形成某种联想、领悟。

（3）主体性。即亲历性，是指体验者亲身参与活动，并用自己已有的经历和心理结构去理解、去感受、去建构，从而生成自己对事物的独特的情感感受、领悟和意义。

体验是学校心理健康教育课程的基本特征。心理健康教育课程能否取得实效以及取得多大实效，在很大程度上取决于主体是否产生真切的体验以及体验的程度。体验是情境陶冶与内心感悟的有机融合，是基于经验和直觉的内在提升。体验不是获取答案的手段，体验过程本身就蕴含答案。心理健康教育课程将体验作为心理建构的桥梁，关键是因为它能激发学生心理的内化机制，促成心灵的成长。体验指向的不是活动结果，而是活动过程。据此，心理健康教育课程要坚持以学生为主体，以活动为轴心，借助活动来丰富学生的心理体验。心理健康教育课程只有让学生经历内在的心理历程并使学生在情感交流和思维碰撞中产生深刻的情绪与情感体验，才能促进学生心理品质和心理能力的发展。

在心理健康教育课的活动体系及学生心理素质形成和发展中，体验均处于核心的地位。这一核心地位的体现，可以从以下两个方面理解：一方面，从功能上看，体验是学生心理素质形成和发展的核心。人的心理形成和发展过程是由外部的向内部的交互转化过程，即主体将外在的东西纳入自己的心理结构之中的过程。在这一过程中，体验起着举足轻重的作用。没有主体对客体的体验，客体就不可能被内化。体验是内化发生的前提条件，体验的过程就是内化和发展的过程。所以，可以说心理健康教育是一种体验教育。另一方面，从心理健康教育课活动体系三个要素的关系上看，作为心理健康教育课学生活动体系的三要素之一，体验处于核心地位，是学生活动体系的中间环节。没有体验，活动中蕴含的东西就无法内化到学生的心理结构中去，人们设计的活动就容易流于形式，心理健康教育课的目标也就无法达到。没有体验特别是情感体验，学生就不会以积极的态度，全身心地投入到活动中去，也就不会把自己的内心与体验之物融合在一起。

（二）心理健康教育过程中体验的方式

心理健康教育课中，心理学知识的讲授并不难，真正难的是把理论知识贯彻到学生的实际行动中去，这其中关键在于教师是否注意学生"内心体验"这个环节，它是提高学生心理素质的重要阶梯。"团体活动"可以大有作为，这是一个把认知、体验、合作、分享有机地联系在一起的体验式教学过程。在此环节中，教师借鉴团体辅导的某些技术如脑力激荡、角色扮演、行为训练、绘画、游戏等，让学生亲身参与活动，积极互动，给学生体验和感悟的空间，培养学生积极、健康的心态，并催生与其他同学分享的情感和欲望，推动自我开放的行为产生，从而促进学生高级心理能力的形成和发展。大学生普遍有着共同的学业任务，有强烈的自我发展愿望，要培养他们自我教育的能力，并使其愿意与同龄人分享自己的经验。

具体来说体验的方式包括以下几种。

1. 在合作中体验

当代教学改革倡导三种学习方式：自主、合作、探究。通过使学生更多地进行沟通和交流，增强合作和互助的能力，刺激学生思维的积极性，便于集思广益，能够较大地提高教学效益。在心理健康教育课程中师生共同营造尽可能接近真实的情境，在团体的活动中获得具体的经验，并促使学生对此进行观察和思考，从而既形成抽象化的概念和普遍性的结论，又能够对自我进行恰当的认识和接纳，进而将习得的观念运用于真实的世界，发展新的态度和行为方式。

2. 在情境中体验

在心理健康教育课课堂上教师通过预先计划好的教学活动，介绍相关专题涉及的心理学知识，创设一种符合教学目标、能够激发学生课堂兴趣的课堂情景，进一步对学生提出问题，引入该节课的教学主题，并使学生了解自己在该课堂教学主题方面的情况。该环节的作用主要是激发学生对课堂的兴趣，引出在学生中存在的问题，并使学生了解自己在这方面的情况，更清晰地认识自己。情绪情感直接影响到人们认识活动的方式方法，影响着人们的动机决策和人际关系的处理。在教学情境中，教师通过引导学生对教学情境的体验，调动学生相应的情绪情感，激发个体的主观能动性，引起学生身心和活动的变化，从而达到通过体验获得相应的认识和情感的教学目的。没有学生相应的情绪情感参与的教学不是真正意义上的教学。

3. 在分享中体验

心理健康课的分享环节，团体成员围坐在一起，开展各种各样的"团体"活动，即心理素质训练活动。活动结束之后，教师和学生彼此交换意见，互诉心声，分享各自过去的经历，讨论以后可能遇到的难题及可行的解决方法，增强处理问题的能力。在这个教学环节中，每个成员都体验着自己的经历，同时在细心倾听他人分享的时候能够体验到其他成员所经历的感受，这样做可以预防心理问题发生或减少心理问题发生。

4. 在感悟中体验

在该环节中，教师针对心理活动课具体的教学内容，让学生联系实际，反思自我，对自身的问题有更清醒的认识，积极调整对自我的认识，并且转变观念，摒弃以前那些错误的观念和行为，强化正确行为，达到解决问题的目的。还要积极地发挥自我潜能，举一反三，在各种各样的挫折与困难面前意志顽强，坚忍不拔，成为生活的强者。

5. 在反思中体验

这是课堂的最后一个环节。这个环节主要是利用心理暗示的作用和效果，教师给学生布置一些与该节课堂教学内容有密切联系的好电影、文章、诗句、漫画等，让学生观赏和阅读，对学生进行积极的心理暗示，进一步强化学生的学习积极性，达到自主学习的目的。每堂成功的课，教师在"分享"和"感悟"环节都要注意引导学生。在"分享"环节中，开展的是各种各样的心理训练活动，这些活动会不会流于形式，是不是为做活动而活动，就要看教师是否帮助学生去"感悟"。活动是教学的一种手段，而不是教学的目的。目的是活动之后引发学生感受、讨论，是让学生学会开拓思维，启动心灵的对话，触动学生的内心，以使学生形成稳固的知识内化，再自觉外化到自己的行为。

二、大学生心理健康课程的自主性

（一）大学生心理健康教育需以学生为主体

"学生本位课程"是融合学科课程与"活动课程"的新型课程，它体现了建构当代主义教育思想的基本理念，也体现了课程的丰富内涵，即课程是为学生的全面发展而提供的一切经验。它既包括各门学科的系统知识，也涵盖教育性活动所提供的满足学生兴趣和需要的课程素材，还包含学生课外和校外的直接经验。"学生本位课程"以学科为基础但又不囿于学科的限制，高度重视学生已有的经验和知识在知识体系中的作用，充分利用课程实践中师生之间和生生之间的互动与交往所生成的课程素材。"学生本位课程"也超越了"个人本位课程"和"社会本位课程"的对立，因为这里所指的"学生"是个体也是集体，而适应其全面发展的课程当然也是适应当代社会发展所需要的，并且是面向未来的。心理健康教育课程从这一观点出发，在心理健康教育课程的制定上十分重视学生本位的观点。

长期以来，我国的课程体系是学科本位和社会本位的。数学、物理、化学、地理、生物、语文、外语等都是学科本位课程，思想品德和思想政治则是社会本位课程，而这两类课程在实施过程中又都服务于应试教育，凡是考试中有的学科就受到重视，否则就受到冷落。我国之所以实施素质教育，就是要扭转这种违反教育规律的现象。心理健康教育是素质教育的重要组成部分，是培养高质量人才的重要环节，是现代教育的必然要求。现代教育要求坚持主体教育观和个性发展观，心理健康教育站在学生的立场上，把学生作为教育主体，把促进学生的个性发展作为目标，从这一意义上看，心理健康教育课是一门以学生为主体的学生本位的课程。

学校心理健康教育课程的实施过程是教师促进学生主动建构心理的过程。在此过程中，教师的作用是为学生理解和建构心理知识搭建"脚手架"。因此，课程实施必须从学生已有的经验出发，通过创设一定的情境、开展小组合作活动，促进学生原有经验发生转化并形成新的理解。学生是学校心理健康教育课程的中心，学校心理健康教育课程必须充分凸显学生的主动性，使课程成为学生自主建构心理的实践活动过程。

（二）心理健康教育课中以学生为主体的意义

主体心理获得健康发展是心理健康教育的目标。心理健康教育的目标是要遵循学生心理发展规律，为学生完成到"社会人"的转化提供积极的帮助，并不断启发学生的心理力量，激发学生的潜能，引导和激励学生了解自我、改善自我、建设自我，并不断提高心理素质，进而成为适应社会、受社会欢迎的人。心理健康教育课在实践中致力于启发、帮助、引导、激励学生，是为了使学生真正做到认识自我、完善自我，从而提高他们的心理素质，使他们成为身心健康发展的人。

心理健康教育通过课堂教学，在教育的整个过程中，充分以学生为主体。心理健康教育过程中的教育者对学生中存在的这样那样的问题不是简单地作出判断和下结论，也不是将个人的主观愿望直接变为学生的要求和愿望，而是真心诚意地与学生相互沟通，让学生坦诚地亮出自己的内心世界，并逐步引导他们进行自我分析、自我判断，在此基础上，教育者再进一步提出供学生采纳的建议，让学生独立思考后根据个人实际情况采纳有关建议，并转化为自己的行动。因此，在心理教育的整个过程中，学生是心理发展的主体，是主动者，而不是被动者。若没有学生的自我分析、自我思考、自我选择，光有教育者的积极、主动、热情、真诚是不能将教育者的建议化为个体自身行动的。主体的变化和发展是心理健康教育效果的最终体现。检验心理健康教育效果的最终标志是主体的变化和发展，而不是其他任何方面。在心理健康教育过程中，若学生能主动积极地投入并克服自身的各种不良情绪和心理偏差，提高自己的心理品质和心理素质，就说明心理健康教育已取得了良好的效果。反之，心理健康教育对学生帮助、触动不大，学生的不良情绪和心理偏差仍没有得到克服和矫治，就说明心理健康教育并没有收到预期的效果。学生是其意识活动的主体，也是整个教育活动过程的主体。心理健康教育课程目标是预防或减少学生的心理问题的发生，引导和促进学生心理健康的发展，与其他传授系统科学知识的科目不同，因此，学生为主体的原则在心理教育活动课中尤为重要。

（三）实现心理健康教育课学生主体性

1. 树立正确的主体观

心理健康教育授课者要始终保持这样一种观念，学生绝不是被动的知识接受者，而是主动的积极参与者。每个学生都有不可低估的潜能，有改变自我、完善自我、发展自我的能力，也有参与教育活动的积极性。在教育过程中，教育者的作用主要体现在为学生提供可选择的方法，鼓励他们去选择、去思考、去实践。或者说，教育者主要起到引导的作用，要让他们靠自己的力量去体会、去感悟，达到提高自身心理健康的目的。

2. 积极地看待每一位学生

心理健康教育课能否取得预期的目标，关键在于学生是否主动积极地参与其中，学生不主动参与，心理健康教育课是无法顺利进行的。因为个体存在差异，学生在心理健康教育课的活动中，难免会存在着自卑、退缩甚至是抗拒等心理状态，不能预期每个学生都能主动参与。面对这种情况，教育者要做的不是沮丧甚至放弃，而是要用积极的眼光去看待每一位学生，捕捉每一位学生身上的闪光点，挖掘每一位学生的潜能。

3. 符合学生的心理发展需要的教育内容

需要是个人的心理生理活动的基本动力，需要和人的活动紧密联系在一起，人要做出行动首先要有对应的需要。比如一个人要做出喝水这一行动时，首先要有因为口渴或其他原因而引起的喝水的需要，才能做出喝水的行动。同样，如果要求学生对我们所进行的心理健康教育活动有所反应的话，首先应考虑的问题应该是如何去激发学生内心深处的需要。因为只有这样学生才能把心理健康教育活动看作是和自己息息相关的事情，才能把自己的主动参与性提到最高点。因此，心理健康教育课程内容的设置应当以学生所关心的热点为主要内容，满足学生的心理发展需要，这样才能保证学生在心理健康教育活动中表现出较大的积极性和主动性。

4. 适合学生心理特点的教育方法

学生喜爱活动，思维活跃，易于接受新事物，参与意识强。针对这些特点，应以开展课堂活动作为心理健康教育课的基本形式。活动有其他形式不能代替的优点，比较接近现实生活，因此可以吸引大部分的学生；活动还能满足学生的表现欲，在活动中，学生进入特定的情境，情感投入也较充分。活动的形式可以是多种多样，比如，团体辅导、小组辅导、同伴辅导的互助活动；以专题讨论、角色扮演、情景体验、游戏等活动形式进行的小组或集体辅导；以讲座或课程的形式传授给学生心理健康教育知识，让这些知识在互助活动或小组、集体辅导中加以运用，去解决一些心理问题。

5. 尊重学生，承认学生的主体地位

尊重学生，让教师成为引导者，让学生成为课堂主人。心理健康教育课堂活动是由师生共同协作来完成的，教师的工作应该是协助学生、为学生提供建议，而不是包办学生的一切事情，整个活动的过程应自始至终地体现学生的主体地位。老师只有尊重学生，承认学生的主体地位，在活动中学生才会开放心灵、表露自我。为此，在课程活动设计中应给予学生最大的空间来发挥他们的能力；在心理健康教育课程实施的过程中，我们应鼓励学生发表自己的看法，探索解决问题的办法，进行自我情感的宣泄；在与学生的交往中，教师应避免使用命令的口吻，多用探讨的口吻与学生商量。

三、大学生心理健康课程的生成性

（一）心理健康教育课程生成性的解读

心理健康教育课程的实施过程，不仅有体验、感悟，还要拓展新的生成。充分的交流、分享，就是为了在体验、感悟的基础上通过互动再生成。从生成的广度来说，要联想到做人、处事的相关方面；从生成的深度来说，要触及学生的内心世界，要涉及情感、态度和价值观的层面。在心理健康教育活动课程实施过程中的这些生成，都是没有教师"教导"的生成，是学生"活动—体验—感悟—互动—内省"下的生成，是一种近乎完全的自然生成，有相对持久的效果。

学校心理健康教育课程的服务对象是绝大多数心理健康状况正常的学生，课程实施的目的是帮助学生解决成长过程中遇到的各种发展性问题，充分开发学生的潜能，促进全体学生的心理在原有基础上得到成长。学生心理建构的过程也是其自我不断生成的过程，自我的生成又不断促进其心理建构。因此，课程应该是"一个不断前进的过程"。就学生来说，当其接受心理健康教育时，也不希望听命于某个固定的程序，而是期待有所发现、有所感悟，并尽情表达心灵深处的情感。据此，学校心理健康教育课程的实施是一个生成（而非预设）的过程，是教师与学生借助现实活动进行协作的过程，它具有不确定性和建构性。

学生成为活动中自主建构的主体，指导者则是提供建构的情景，学生在自主建构中不断诞生新的自我，课程的设计在自我的逐步生成过程中流动，自我的每一步新生都伴随课程的不断设计、更新和延展。

（二）教师促进心理健康课堂生成的方式

1. 目标明确，充分预设

心理健康教育课堂具有不可预定性，其随机性造就了许许多多的生成性问题，教师在预设时，不可能穷尽也不必穷尽课堂的可能变化，而要凭借教育智慧在教学机制中解决问题。同时，心理课程追求的是有效课堂，课堂教学有其自身的规律，它的时间有限而教学内容随时发生变化。因此，在动态生成的心理健康课堂教学过程中，必须集中更多的时间和精力从事那些有效果的和有创造性的活动，加强学生对心理情景的体验以及激发学生的积极思考，创造一些新的方法去应对各种心理困扰。

教师在课前设计教案时，要依据学生的知识水平、心理状况，以及教学内容的难易度和自己积累的教学经验，设计教学环节。在每个环节中，教师要针对教学过程中学生可能生成的内容尽可能多地提出假设性预案，但任何预案都应具有科学性和预见性，教师和学生一起对这些预案进行讨论和思考，把心理健康知识内化，使之能够在此基础上再产生一些新的想法。教师事先必须对尽可能多的预案结果进行预设，让学生充分思考，分享自己的想法，然后做点评。

2. 营造氛围，促进生成

良好的课堂气氛能使学生学习的思维处于最佳状态，而紧张的课堂气氛则很难调动学生学习的积极性。只有营造和谐愉快的课堂环境，才能使学生将潜力发挥出来。对学生提出的独特想法要特别呵护、启发、引导，不可轻易否定，切实保护学生"想"的积极性和自信心。此外，还应为学生提供自主学习、活动的时间和空间，在教学中，让学生获得足够的自学时间，享有广阔的联想空间。

学习总是与情境相联系的，心理健康教育课与情景关系更加密切，在接近真实的情境下进行学习，可以使学习者能利用自己原有认知结构中的有关经验去理解和同化当前学到的新知识，从而赋予新知识以某种意义。所以，在生成的课堂中，若能提供相关情境所具有的生动性、丰富性，那么，学生就会积极主动地参与课堂教学，教师预设的新知识学习就会自然而然地发生。教师要认真钻研教材，深入挖掘知识的内在规律和新旧知识之间的相互联系，充分了解学生已有的认知结构，通过巧妙的形式激发学生的兴趣，诱发学生的积极思维活动，这样才能创设良好的问题情境。

3. 问题驱动，生成知识

"问题是思想方法、知识积累和发展的逻辑力量，是生长新思想、新方法、新知识的种子，学生学习必须重视问题的作用。"所谓问题驱动就是在通过提问发动学生质疑的基础上，根据学习的实际，把握教材的整体结构，组织问题，进行课堂教学，在学生对问题本身的理解和解决中，达到知识的生成，即教师提出预设性问题，引导学生生成新的知识。

四、大学生心理健康课程的现实性

长期以来，教师的课程都远离学生的现实生活世界，过分推崇基础知识和基本技能，较少顾及学生生存的生活世界，致使课程内容单调枯涩，难以满足学生的需求。学校心理健康教育课程应从学生的心理实际出发，在生活世界中选择适合学生心理特点的典型材料，使学生在生活化的活动情境中通过自主认知、体验、反省来提升心理品质。从这个意义上来说，学校心理健康教育课程是发端于生活世界又依附于生活世界的一种新型课程，其课程内容不追求文本的知识性、学术性和结构性，而是注重心理生活场景的设计和情境的渲染，以及呈现具有生活气息的心理空间。

实践中生活的教育性逐渐受到越来越多的规定与制约，即关于知识的学习和讲座几乎是学生心理健康教育的全部。这种趋势的最大弊端是抹杀了受教育者个体差异化的生存空间，以最大化的时间和空间来规约个体的发展，心理健康教育被知识化、规约化的最终结果就是使个体的发展脱离了生活自主的发展状态，走向了规约好的教育化道路，遮蔽了生活教育性的实质和目的。心理健康教育呼吁重新审视生活世界，以期通过生活中的教育事件实现学生的反思和成长，来满足大学生心理健康课程的现实性。

（一）心理健康教育回归现实生活世界的意义

1. 立足于学生发展的实际

就目前的心理健康教育来看，存在着以下现象：①心理健康教育理论性强，远离学生生活实际；②心理健康教育中学生参与性比较小，大多以说教为主；③心理健康教育更多关注解决心理问题技能的传授，面向全体学生的发展心理教育少。而这些问题存在的根源是因为现行的心理健康教育偏离其应有的生活世界作为基础。没有生活作为基础的心理健康教育失去了学生尝试探索生活世界的机会，就如同空中楼阁，极易走向形而上的危险。

2. 培养个体掌握幸福生活的本领

心理健康教育回归生活世界的目的是让受教育者个体学会在真实的世界中体味生活，掌握健康幸福生活的本领。只有回归到生活世界中进行心理健康教育，才能真正发现受教育者的所需，这样的教育也才能真正走进学生的内心，并让学生通过教师的引导自己去反思和体悟，主动探究掌握解决问题的本领。

当教育者把在他们看来是善的东西澄明给未成年人的时候，也就把成人的方式传授给了他们，因为成人是一个过程，一个被社会化、被文化的过程，是风俗、习惯、惯例、政治、信仰逐渐内化的过程。因此，教育回归生活世界的主张不是简单的、直接的，不是回到未成年人所意欲的，甚至是充满任性的生活世界；也不是回归当下充满消费主义主张的世俗的世界，而是回归到一个于社会和他人有用、于自身有益、真实与健康、快乐与幸福的生活世界。

（二）心理健康教育回归现实生活世界的方法

1. 树立以生活为基点的理念

心理健康与否关乎个体的正常生活。从发生学的角度来看，心理健康与否是内心世界和生活世界相互作用的结果。一个人的心理健康是通过生活的过程来教育的，而不是被别人所教育的。生活是心理产生的沃土，心理健康与否来源于生活而且直接作用于生活，心理健康是生活中的心理健康，如果离开了生活来谈心理健康就失去了其实质的意义。心理健康教育的目的是更好的生活，而更好的生活必须有健康的心理为基础，脱离生活的心理健康教育必将有走向形式化、抽象化的危险。需要树立以生活为基点的心理健康教育理念，通过生活世界对学生进行心理健康教育，引导学生在实践中体验，在体验中生成自我教育的意识。

2. 创设生活世界体验场景

心理健康教育回归生活世界，强调学生个体学会通过生活实践体验、感悟生活的真谛，养成积极的心态和健康的心理。因此，创设生活世界的体验场景，使学生在实际体验中学会用健康的心理解决生活中的事件。如创设问题情境，让学生在情境中学会解决问题，以及养成积极的心态。创设对话情境，让学生学会在交流中该如何通过对话达到预期的目的。创设不同生活世界中的体验场景，能够给予学生最真切的生活体验，教会学生学会用健康的心理生存和生活，即使面临的是最糟糕的现状，也能通过积极健康的心理从中寻找解决问题的办法。

3. 探索"问题解析式"的教育教学方法

心理健康教育实践应该积极创新教育教学方法，立足学生实际需要，积极探索"问题解析式"的教育教学方法，直面学生的困惑，让学生在参与中形成"直面问题、解决问题"的能力。心理健康教育的目的不是简单地传授理论，而是在帮助学生生成如何生存和生活的内化，把心理健康教育提升为通识教育、品格教育、能力教育。因此，在心理健康教育实践中，要从目的、对象、过程、范围上各有侧重。在目标上要强调实效性，立足于实际问题的解决；在对象上要强调针对性，立足于个体的实际需要；在过程上要强调参与性，立足于师生互动；在范围上要强调全员参与，立足于全体学生的发展。探索"问题解析式"的心理健康教育即通过生活世界中的"生活事件"培养学生直面生活的勇气、掌握解决问题的方法、提升解决问题的能力。因此，通过相应的"生活事件"进行心理训练是心理健康教育回归生活世界、依托生活世界进行心理健康教育的重要生活教育资源。通过"生活事件"进行心理训练要本着适需的原则，满足学生发展和成长的需要，只有适需的生活事件才能调动学生参与的积极性，更好地服务于学生的成长。

第三章
大学生心理健康课程教学设计

第一节　教学设计的特点和功能

"教学设计是运用现代学习与教学心理学、传播学等理论与技术，来分析教学中的问题和需要、设计解决方案、试行解决方案、评价试行结果，并在评价基础上改进设计，实现教学过程最优化的一个系统策划过程。"❶ 教学设计是提高教学质量的重要手段，是指导教学实践的一门教育实用技术，是联系教学理论与教学实践之间的桥梁。作为心理健康教育课程教师，了解教学设计的基本概念，学习教学设计的基本方法，掌握课堂教学设计的基本要素，对教学实践有着十分重要的意义。

教学设计是指教师在教学工作开始之前，根据现代教育理论的基本观点与主张，依据教学目的和要求，通过对课堂教学过程中各要素的系统分析，确定合适的教学起点，创造一种教学活动模式，并形成有序的操作流程，其目的是指导教学工作的有效实施。良好的教学设计是优化教学资源、提高教学效率的重要措施。

一、教学设计的特点

（一）教学设计是师生课堂教学活动的依据

教学设计规定了课堂教学的方向和大致进展，是师生课堂教学活动的依据。课堂教学活动的每个步骤、每个环节都将受到教学设计方案的制约。通过教学设计，教师可以对课堂教学活动的基本过程做到整体把握，可以根据

---

❶ 吕静. 教学设计 [J]. 北京电力高等专科学校学报（社会科学版），2012，29（6）：608.

课堂教学情境的需要和教学对象的特点确定合理的教学目标，实施可行的评价方案，从而保证课堂教学活动顺利、高效进行。另外，通过课堂教学设计，教师还可以有效地掌握学生学习的初始状态和学习后的变化情况，及时调整教学策略、方法，采取必要的教学改进措施。

（二）教学设计是系统的方法

系统的方法是指把对象放在系统当中，从系统和要素、要素和要素之间的相互联系和相互作用的关系中综合地、精确地考察对象，以达到最优化处理问题的一种方法。教学设计是一种全方位的系统的科学设计，它由各个部分有机地构成一个整体，各个环节相互关联，共同有效地运转。教师在教学设计时需要分析课堂教学系统各因素的地位和作用，使各因素有机结合，发挥最佳效用。

（三）教学设计具有创造性

创造性是教学设计的一个基本特点，也是它的一个最高表现。面对千差万别的学生，课堂教学不应该只有一套刻板的方式。教学设计的过程，也就是教师在创造性地思考、深入钻研教材的基础上，根据不同学生特点，创造性地设计教学实施方案，为成果教学绘制蓝图的过程。

（四）教学设计具有灵活性和具体性

此外，教学是一项十分复杂的培养人的活动，教师面对的是一个个鲜活的生命个体，在课堂中就有可能出现一些意外的、无法预知的新情况，需要有灵活性。教学设计的具体性是因为教学设计针对的是课堂教学中的具体问题，它的每一个环节都是相当具体的。比如，选择教学内容，教师需根据教学目标的要求，结合学生的实际水平，对学习材料进行再加工，通过取舍、补充、简化，重新选择有利于目标达成的材料。

另外，教师对选定的教学内容还要进行序列化安排，使之既合乎学科本身的内在逻辑序列，又合乎学习者认知发展的顺序，从而把学习材料的认知结构和学生的认知结构有机地结合起来。

二、教学设计的作用

（一）有利于科学化课堂教学

在传统教学中，虽然教学设计的活动普遍存在于教师的教学实践中，但其设计思想之精华也只是掌握在少数优秀教师的手中。而现代教学设计则是从教学的科学规律出发，对教学问题的确定、分析，对解决问题方案的设计、实行乃至评价和修改都建立在科学基础上，使教学活动的设计摆脱纯粹经验主义，进入科学的轨道。

（二）有利于提高课堂教学效率和效果

教学设计的主要目的就是要设计出低耗高效的教学过程。在教学设计中，一方面，需要对学习需要、学习内容和学习者进行客观分析。在分析的基础上，对内容进行再提炼，对方法进行再选择，将使课堂教学活动得到最优化。另一方面，教学设计让教学活动更富有吸引力。教师运用相应的教学策略，采取了有效的教学方法和教学形式，更好地促进了学生的学习。通过这一系列巧妙安排、精心策划，无疑会增强学生的学习兴趣，提高其学习的积极性。

（三）有利于结合教学理论和教学实践

教学设计不是一种直觉的冲动，而是一种理论和方法的统一。它既有一定的理论色彩，同时又是明确指向教学实践的。一方面，通过教学设计，可以把已有的教学理论和研究成果运用于课堂实际教学当中，指导课堂教学工作的进行；另一方面，也可以把教师的课堂教学经验升华为教学科学，充实和完善教学理论，这样就把教学理论和教学实践紧密结合起来了。教学设计成了一架沟通教学理论和教学实践的"桥梁"。

（四）有利于教师的成长和发展

课堂教学活动不仅是一种信息传播过程，更是一种艺术表现过程。没有高超的教学技巧，把握不了教学的艺术性，也不可能有好的课堂教学。我们知道，知识经验和实践是教师专业技能发展的重要因素。教学设计则为教师的成长提供了一条有效途径，通过教学设计不但可以迅速地掌握教学的基本原理和方法，而且在实践中不断熟练和提高能力，最终能够成为一名教学专家。

三、教学设计功能的理念

加强课程教学设计的研究，就是为提高学生的心理素质提供设计蓝图。学校心理健康教育课程教学，应该突破传统的认知模式和教学方式，代之以开放性、建构性和创造性的教学新理念。

（一）重新定位价值取向

由重障碍排除、重差错矫正的教育模式转变为重发展、重预防的教育模式；由服务于少数人转为面向多数人；由消除心理障碍为目的转变为培养积极心理品质、促进心理发展为目的。树立一种真正意义上的心理健康教育理念，全面推进学校的素质教育。

（二）充分发挥主渠道作用

营造轻松愉悦、富有安全感和充满艺术性的课堂心理氛围，建立民主、平等、尊重的师生关系。运用多种适合学生的教育策略方法，让学生浸润在心理体验和心理感悟当中，并从这种体验和感悟当中发现心理成长的契机，转化为生活、学习当中的实际行动。

（三）以开放的课堂教学接纳学生

（1）师生关系的开放。学生和教师在人格上建立一种民主、平等、和谐的师生交往关系，视教学的需要而调整和转换角色，教师可以是指导者、学习者，也可以是兄长、朋友。

（2）教学空间的开放。教学空间可以由课内向课外乃至校外延伸，变固定空间为弹性空间。

（3）教学过程的开放。以学生的课堂表现、课堂需要作为教师调整课堂教学的基本依据，教学全程是动态的、发展的。

（四）探索建构式教学的新型教学观和教学方式

鼓励学生主动参与，主动探索，积极主动地获取有关心理健康的知识，提高心理素质，以适应学生的认知方式，满足其求知探究的进取精神，这是心理健康教育课程设计的主要目标。

（五）通过创造性教学提高学生的素质

教师要留给学生以广阔的思维空间，鼓励学生开展新颖的创意，尊重学生的不同意见。同时，注意教学内容的组织，运用变式教学，激发学生的学习动机和学习兴趣。特别要从提高学生认识、情感与行为技能的角度设计教学活动，强调学生的主体地位与主体需要，通过课堂教学促进学生潜能的开发、创造性的培养。在以创新教育为主的现代教学中，更应以培养学生的创新精神和实践能力为重点，这是学校心理健康教育课程设计的基本出发点。

第二节　大学生心理健康课程教学设计要素

大学生心理健康课程教学设计应包括学生特征的分析；教学内容的分析；教学目标的确立；教学策略的制定；教学媒体的选择；教学评价的指标等要素。

一、学生特征的分析

学生特征分析就是要了解学生的学习准备状态和学习风格。学习准备包括初始能力和一般特征两个方面。初始能力是指学生在学习某一特定的课程内容时，已经具备的有关知识与技能的基础，以及他们对这些内容的认识和态度；而一般特征是指在学习过程中影响学员的心理和社会的特点，包括年龄、性别、学级、经历、学习动机、个人对学习的期望、文化、社会、经济、家庭等背景因素。对于学生之间存在的个别差异，教师在教学时要做到心中有数，采取的沟通和教育方法也要做相应调整。

二、教学内容的分析

教学内容分析是根据总的教学目标，来规定教学内容的范围和深度，并揭示教学内容中各个组成部分之间的联系，以实现教学效果的最优化。教学内容分析以学员的学习结果为起点，并以起点为终点，是一个逆向的分析过程。

三、教学策略的制定

教学策略是指教师教学时旨在优化教学效果的教学操作指南，是对完成特定的教学目标而采用的活动的程序、方法、形式和媒体等因素的总体考虑。对于教师可操纵的各种教学变量，都可探索制定其相应的教学策略。这里的教学策略制定涉及教材的讲解、教学媒体的使用、问题及解答方式、测试及反馈原则、师生互动等。主要内容包括：①教材处理策略，即怎样用学生可接受的方式呈现心理学教材，以提高学生对教材理解、接受的效率；②心智技能提高的教学策略，即如何使学生有效把握心理健康教育课程中的概念和它们之间的关系；③教学方法运用的策略，即如何根据实际情况引起学生学习的准备，维持他们的兴趣，强化和调节他们的行为；④教学组织形式选择的策略，即心理学教学要根据主客观条件，恰当选择集体授课、个别化学习、小组相互作用等形式。

四、教学目标的确立

教学目标是学生通过教学活动获得的学习预期结果，即学生通过教学活动要达到的学习标准。正因如此，教学目标常被教师表述为学生的学习目标，具有指导教师进行教学评价、选择教学策略、指引学生学习等一系列功能。因此，教学目标是教学活动中最先考虑的要素，是教学设计的首要环节。心理健康教育课程教学目标的表述应是大学生的学习结果的表现，包括言语信息、智力技能、认知策略、动作技能和情感；并且力求明确、具体，可以观察和测量。按目标分类体系，可分为认知学习目标、动作技能学习目标和情感学习目标。前两类目标中的行为具有可观察性和可测量性特点，而情感学习目标表述有一定难度。

五、教学媒体的选择

教学媒体是教学内容的载体，对教学媒体的选择，是教学准备工作的一项重要内容。选择时要符合教学目标、教学任务和教学内容的要求，不同的教学目标需要使用不同的教学媒体去传递教学信息，不同的教学任务要求教师采用不同的媒体和方法去完成，而不同性质的教学内容对教学媒体也有不同的要求。同时要考虑学生的需要和水平，不同年级的学生有着不同的认知能力和思维特点。另外要考虑教学媒体的功能、特点和教学条件的影响，不同的媒体在不同的环境下会产生不同的教学效果。

六、教学评价的指标

教学评价是指系统收集、分析有关学生学习行为的资料，以确定其达到教学目标程度的过程。从根本上说，就是对学生行为变化的教学价值判断。在进行心理健康教育课程的教学设计时必须重视教学评价，从而为师生调整教与学的行为提供客观依据，使教学效果越来越接近预期的目标。而教学评价的首要条件就是确定统一的指标。由于教学设计的成果较多地体现在课堂教学中，所以心理健康教育课程教学评价就必须考虑课堂教学中的两种极为重要的评价指标：一是与目标因素有关的指标，这种指标一般分为知识、技能和情感三个方面；二是与学生因素有关的指标，这种指标一般可分为学生表情、课堂提问、课堂秩序三方面。根据以上评价指标，可对教学进行诊断性评价、过程性评价和总结性评价。其中，诊断性评价在检查学情分析时就应该同时进行，为教学分析和制定活动提供依据。过程性评价则应贯穿整个学习期间，通过教师的适当反馈，鼓励学生进一步参与课堂活动。总结性评价是指在教学未结束之前，为了解学生学习状况所做的评价，以便及时发现问题，调整教学有关环节，采取补救措施。

第三节　大学生心理健康活动课的教学设计

大学生心理健康教育活动课程是在教师引导下，以活动为载体，让学生在活动中感受、体验、思考、感悟而获得心理成长，形成健全的人格和良好心理品质的课程。它是学校心理工作者在实践中创造出来的一种发展性辅导形式，目标是帮助全体学生发掘潜能，促使个体健康的成长与发展。因此，大学生心理健康教育活动课公认是普及心理健康知识、用心理辅导服务于所有学生的最佳途径之一。而要使心理健康教育活动课能到达人们预期的目标，需要对教学活动进行一个完整、科学、有效的规划和设计，这是大学生心理健康教育活动课得以顺利进行的关键，也可以说是整个高校心理健康教育工作得以顺利推进的核心条件。

一、大学生心理健康活动课性质的定位

大学生心理健康教育活动课是不同于传统学科课程，它很少采用静态传授的方式，而是通过各种各样的活动来实施教学，这也决定了大学生心理健康教育活动课的教学设计不能等同于大学课堂里的其他学科课程。因此，要使活动课的教学设计切实有效，首先需要对心理健康教育活动课的性质进行准确定位。

（一）注重体验性

"依据大学生心理健康教育课程特点，结合课程教学目标需要，将体验理念融入实际的项目化教学设计之中，提高学习效果，提升解决心理问题能力，增强学生心理素质。探索项目化教学设计的理念、内容、方法、评价。"❶ 大学生教育健康活动课跟传统学科课程一样，也需要给学生传授心理发展和心理健康保健的基本知识，但这种知识传授不是静态的接收，而是动态的，即以活动为中介。所以，大学生心理健康活动课跟其他学科最大的区别在于它并不要求和强调学科知识的全面系统掌握，也不要求理解的深刻和完整，更多的是根据心理保健知识要点和学生实际生活开展和组织教学活动，然后通过课程实施使学生在活动中获得心理体验和感悟，让学生在活动中找到认识的来源，并得以明确认知，进而引发思考和成长，促进经验和直

---

❶ 张涛. 基于体验理念的大学生心理健康教育课程项目化教学设计思考 [J]. 辽宁科技学院学报，2019，21（6）：

觉的内在提升。

（二）学生本位性

大学生心理健康教育活动课强调教育是一个"他助—互助—自助"的过程，而在这个过程中教学所能达到的目的就是学生的自主自助。教师和同学之间的他助和互助并不是目的，仅仅只是手段而已，只是凭借他助和互助引导出学生的自助。因此，它突出强调学生主体的思想，以学生为主，无论从课程的设计还是对组织来说都是于心理健康保健知识和技巧于活动之中，突显学生积极主动参与、体验和感悟，从而实现主动发展。

（三）课堂具有开放性与生成性

对于传统学科课程来说，教学的生成性是亮点。而对于大学生心理健康教育活动课而言，生成性却是本质的存在。心理健康教育活动课不是"文本课程"，更多是"体验课程"，这也就意味着对任何给定的内容，老师和学生都会根据自己的经验进行解读和理解。

另外，作为"体验课程"，大学生心理健康教育活动课主要是依靠团体内交互作用对个体行为产生影响，而教学活动中的交互作用包括师生和生生之间的互动，这种互动往往是通过对话、交流、论辩等多种形式来分享彼此的知识经验和思想，进而互相补充、互相启发。在这个过程中，教师和学生在交流和思想的碰撞之间，不断丰富教学内容，求得新的发现，课程也变得不再呆板，教学变成一个不断动态的、增值的、生成的过程。

（四）回归生活实际

大学生心理健康教育活动课是以学习者自身所感受到、所观察到的生活经验，包括他们成长中典型的困惑或难题以及他们的兴趣、需要和爱好等来设计和组织教学活动。在实施教学的过程中常常是通过模拟某种生活情景，借此调动学生已有的经验，通过观察、调查、讨论等活动让学生尝试从自身生活的直观性、本真性中去体验生活、理解生活，而教师主要是引导启发学生扩展经验，不断深化学生对自身经验的体验和感悟。如此一来，学习的过程由此变成学生生活经验持续不断发展改造和推进的过程，它是来源于生活经验并重建生活经验的过程。

二、大学生心理健康活动课程的目标

健康的心理素质是现代社会对每个人的基本要求，这决定了大学生心理健康活动课的总目标是紧紧围绕学生的身心各方面的特点、成长中普遍存在的困惑和生长环境展开，向学生普及科学有效、实用的心理保健知识和技巧，促进学生认知发展，并培养他们乐观向上的良好心理品质，促进学生心理潜能的不断开发和可持续发展。由此可见，大学生心理健康教育活动课目标主要是发展性的，还包括干预性和防治性。

（一）心理教育目标的发展性

大学生心理健康教育活动课目标主要是发展性的，面对全体学生并注重每个学生的心理健康成长。积极提升学生的心理健康素质，包括普及应用心理学知识理论和心理保健方法，引导学生认识和接纳自我，培养学生的适应能力和良好的学习习惯，提升学生社会交往技能、情绪管理能力，促进学生养成良好个性心理品质，促进自我成长和生涯发展等。

（二）心理教育目标的干预性和防治性

大学生心理健康教育活动课除了要实现集体发展性辅导外，同时也关注学生成长中的困惑和危机问题。这些危机问题，包括学习不良、人际关系不良、情绪失衡、消极自我防御与挫折等。心理健康活动课通过关注大学生的主体性发展，针对大学生轻度的心理障碍或者成长中的心理危机在课堂上进行团体干预，以缓解和解除学生心理障碍问题。

同时，注重培养大学生的自助能力，即帮助他们将知识和价值观转换为行动或行为的方法，帮助学生养成理性和全面的思考习惯，对于各种问题学会权衡利弊，联系未来，以便作出负责任的决定和改变，减少学生心理健康问题的发生，实现防治性。

三、大学生心理健康活动课的设计过程

从心理健康活动课的本质我们可以知道它具有体验性、本位性、开放性和回归生活这些主要特征，而它的目标又兼顾了发展性心理目标和障碍性心理目标。

由此，心理健康活动课的教学设计就要兼顾体验性、生活性和本位性的特点，从需要兼顾学生的全面发展。

（一）正确选择教学内容

一门课程的教学目标是通过选择的课程内容来实现的，内容是目标的载体。因此，要合理设计大学生心理健康活动课，正确选择课程内容非常关键。从心理健康活动课的总目标来看，课程内容应囊括大学生成长发展的各个主要领域——学习、生活、生涯、人格、情绪等。因此，整个大学生心理健康活动课设计以主题辅导的方式会更切合这门课程的要求。

另外，在具体主题单元的教学设计里，要根据主题模块和学生的心理特征，以学生的现实生活为课程资源设计教学内容，从学生当下的生活状态中挖掘有价值的教育教学资源进行有针对性的指导，以满足学生心理全面成长的需要。

除此之外，大学生心理健康活动课是以活动为中介，通过引发学生的主动体验和感悟式学习产生效果。它要求学生的高度参与、主动体验、主动感悟，这也就决定了活动课教学内容选择还需兼顾活动性和发展性。于是，心

理健康活动课教学不适宜灌输知识，更多是选取贴近学生实际心理生活的热点或焦点问题作为教学资源，将心理知识蕴藏在辩论、角色扮演、行为训练等活动中，让学生在活动中形成切身体验和深刻感悟，并激发学生自发的自我成长、自我训练的兴趣和动机，进而澄清错误的观念，探索出解决问题的最佳思路和策略，总结出自我心理保健的途径和方法。

（二）以良好的氛围营造和有效互动为基础

当前，我国大学生心理健康活动课主要是以班级集体教学为主要组织形式。这种以班级为单位的活动课是通过团体内各种潜力的交互作用对个体行为产生影响的。在这个动力整体内，其中任何一个部分的变化都必将引起另一部分的变化。因此，在活动性、体验性为主要特征的心理健康教育活动课里，互动是衡量教学设计是否确有成效的重要指标，也是达成心理健康根本目标的基本条件。

在大学生心理健康教育活动课中，每个学生是否有机会发现自己错误的认知，是否有机会澄清自己的认识而引起认识的改变，是否引起情感的迁移或投射，新行为的形成或强化是否顺利完成都依赖于教学中成员间的有效互动。因此，教学设计时课堂布局采用环形、马蹄形、分组的布置更利于心理活动课的顺利开展，因为这些课堂的布置方式可以缩短师生、生生之间的心理距离，更利于沟通交流。

另外，有效互动的重要保证是自由、安全、和谐的心理氛围。只有在开放接纳、温暖的心理氛围中，学生才能以主人的姿态积极参加各种讨论和互动，将自我开放、畅快地进行表达，做到尽情宣泄。为此，教师在营造教学氛围时明确老师在课堂中的定位显得非常重要。在心理健康活动课中教师不再是绝对权威，也不再是知识的灌输者，而是平等的参与者，是活动的引导者。在教学设计中为学生消除顾虑的方式包括热身活动、表演、游戏等，可以营造出轻松愉悦、富有安全感的课堂心理氛围，合理引导学生积极体验，主动反思。

（三）采用多样化的教学形式与教学方法

教学方法的设计在教学设计过程中至关重要，因为它起到教学目标的中介、联结作用。大学生心理健康教育活动课以活动为主，教学设计具有一定的原则和模式，最常见的模式是"课堂导入—创设情境—讨论—升华—总结"，但若活动课都采取这种模式或僵化地套用这种模式也会使课堂效率降低。因此可采用多样化的形式，包括课堂教学活动形式、课内外的训练活动和社会实践活动形式。另外，心理活动课包含了学生成长困惑范畴内的不同的主题单元，针对不同主题不同内容应该设计不同的教学形式和教学方法。而且，学生的心理现象具有复杂性，活动方法具有多样性。由此，大学生心理活动课不能固守单一模式，而是需要综合运用辩论赛、小组讨论、讲授讲解、角色扮演、实践操作或行为训练方法等多样方法和形式。

教学信息的传输依靠于传播教学信息的载体。一般来说，运用得较多的教学媒体主要有计算机教学辅助软件、电视机、录音机、幻灯机等。因此，教师在教学设计选择和运用传播媒体时必须考虑它的特征和运用范围、程度，根据教学内容及学生特点选择最适合的媒体，这样才能发挥其最佳效果。

四、大学生心理健康活动课的设计原则

（一）自主性原则

学校心理健康教育课程要以学生为中心，学生是心理意义的主动建构者。在价值观日趋多元的现代社会，人的心理空间日趋复杂，教师再也无法为学生设定不变的准则，学生自主选择能力的培养日益重要。心理健康教育

课程是一种"为我"的课程，它要求从主体的需要、兴趣、动机出发，而不是依据外在的目标来组织和实施课程。主体始终处于活动的中心位置，要在活动中实现主体性发展和心理成长。因此，"自主性"是心理健康教育课程的精髓，而心理健康教育课程促进学生心理品质发展的前提是学生自主性获得发展。

要充分尊重学生的主体地位，充分发挥学生的作用。这是因为，首先，心理健康教育的目的在于促进学生的成长和发展，而成长和发展从根本上说是一种自觉和主动的过程，如果学生没有主动意识和主动精神，处于被动的地位，教育就会成为一种强制性行为，变得毫无意义；其次，心理健康教育是一种助人与自助的活动，"助人"是手段，让学生"自助"才是目的。要达到自助的目的，只有让学生以主体的身份直接参与这一活动。

（二）情境性原则

学习总是在一定的情境下进行的，不同的活动情境对人心理成长发挥着不同作用。真切的情境氛围为学生提供了易于感受、易于体验、易于激发的心理空间，使置身其中的每一个人都受到感染和熏陶，并激发起探究的心向。学生的心理发展是无法通过直接传授心理知识而实现的，它必须借助良好的发展情境生成。情境设计的关键是强化主体的积极能动性，使之自主地投入活动中，实现心理的自主建构。因此，心理健康教育课程情境性原则就是要提供真切的情境，把学生带入"可思可感"的境界，使之直视自身的心理世界，进而建构心理结构、生成价值理念。心理健康教育课程还强调心理知识的情景性和特异性，鼓励学生把学到的心理知识应用到自己的生活中，在生活的具体情境中总结和检验所学的知识，使学习走向"思维中的具体"。

（三）经验性原则

学习是学生通过新经验与原有经验反复、双向的交互作用从而主动建构起自己知识经验的过程。人们应该把知识和能力看作个人建构自己经验的产物，教师的作用将不再是讲授事实，而是帮助和指导学生在特定的领域建构自己的经验。学生是一个个"经历着"的个体，只有在个体的亲身经历中，他们才能聆听到发自自身本性的、自我完善的声音。学生也只有在经验中才能使自己全身心地投入对生命意义的追求中，才能使自身的知、情、意、行获得和谐发展。据此，学校心理健康教育课程的设计不能无视学生的原有经验，而要把学生原有的知识经验作为新知识的基础。学校心理健康教育课程一个很重要的任务就是了解学生原有的心理经验，它的根本途径不是教育者长篇大论式的说教，而应转向给学生提供丰富多彩的活动，在活动中发现学生的各种心理问题，并适时提供帮助。

（四）活动性原则

学习是将知识内化为经验、经验外化为知识的过程。离开了主体的活动，知识建构就无从谈起。心理学研究和生活实践表明：人的心理品质是在活动中展示和发展的。活动是主体与客观事物交互作用的过程，个体内部心理外显的过程，同时也是外部客观信息内化的过程。学生心理品质的发展是主体借助一定的教育引导在活动中自主定向、自主选择、自我完善、自我建构的结果。因此，通过活动来实施心理健康教育才最为真实、最为自然。学校心理健康教育课程要求教师设计自主性活动，让学生在自主活动中实现自我教育。

（五）过程性原则

学校心理健康教育课程具有过程性特点，它要求课程设计遵循生态化的过程视角，即以一种互动的、成长的、延展的生命观来建构课程内容，使课程获得生命关怀的整体意识，激发学生的生存意志和生命智慧。生命活动、生活事件是个体心理品质发展的平台，心理品质的发展存在于个体生命活动的过程中，存在于个体生活的具体场景中。心理健康教育课程不能依据理论逻辑而应依据生活逻辑来建构，要让学生经历个人的经验积累过程，并基于自我的生活经验来建构心理品质。在这个过程中，个体的主体自我（当下的我）与客体自我（过去的经验）互动，主体进行自我觉察、反思过去的经验并对之加以调整和提升。

（六）合作性原则

在心理健康教育课程中，师生是平等的协作关系。教师与学生的"对话"，是在彼此尊重、沟通、理解的基础上，内含相互的信息传递、思想启发、观点更迭、情感激发和智慧提升等内容。教师要尊重、理解、信任学生，以平等、宽容、发展的眼光看待学生，重视个体发展的独特性；同时，要给学生充分表达的自由，让学生倾听"异己"的声音，"从外在于学生的情境转变为与学生情境共存"。而学生也不是被动地接受教师传授的知识和现成的理论，而是与教师共同探讨成长中遇到的各种心理困惑，师生在交流合作中共同成长。

第四章
大学生心理健康课程教学内容

第一节　大学生自我认知与人格发展

自我认知在人的心理健康中起着很重要的作用，它制约着人格的形成、发展，在人格的实现中有着强大的动力功能，自我认知的全面、深刻是促进大学生心理健康的有效途径。

一、大学生自我意识特征与培养

（一）大学生自我意识的特征

1. 大学生自我意识的构成要素

"大学生自我意识的形成与发展，遵循着盲目自我、社会自我、真正自我的路径。"❶自我意识即对"自我的认知"，或者说是对自己的认知。自我意识包含自我认知、自我评价和自我控制。自我意识是对自己及自己与周围环境关系的认知，包括对自己存在的认知，以及对个体身体、心理、社会特征等方面的认知。这种认知是个体通过观察、分析外部活动及情境、社会比较等途径获得的，是一个多维度、多层次的心理系统。

自我意识的发展包含主体我与客体我的不断对话。按照该种见解，客体我是社会提出的要求与任务，主体我则是做出应答；客体我就是他人与社会对我的期望与要求，而主体我就是我对他人要求的自我表现与行为。举例来讲，一个被其他群体成员认为是聪明与品行好的学生，在上课时会控制自我想玩的念头，并且努力做好课堂练习，因为他明白只有这样才能与教师和同

---

❶ 周桂霞. 大学生自我意识的发展 [J]. 现代企业教育，2013（24）：296.

学的期望相适应。

自我意识是意识的核心部分，指自己所认识到的关于自己的一切。自我意识可按不同标准进行分类，例如从结构要素角度可将其划分为自我体验、自我认知和自我控制，从活动内容角度则可将其划分为社会自我、心理自我以及生理自我，按照自我意识的差别可以将其划分为现实自我、理想自我与他人自我。

根据结构要素的不同，自我意识可由知、情、意三个维度出发，划分为自我认知、自我体验及自我控制。

（1）自我认知。即主观自我对自己作出的客观性评价，包含对自我的观察、分析、感觉、观念、评价等。这一过程主要是对自己是怎样的人进行剖析。想要作出正确客观的自我认知，需要经过漫长且复杂的过程。每个人的一生都在不断发展变化，自我认知也是一个持续的过程，这将贯穿每个人的整个生命历程。

（2）自我体验。即以自我认知为基础，主观自我所形成的客观性情绪体验。自我认知影响自我体验，自我体验则反向作用于自我认知。其主要对自我接纳和满意程度的问题进行解决。自我体验涵盖多方面内容，诸如自爱、自尊、自信、责任感、荣誉感、义务感、优越感等。

（3）自我控制。即为了实现自己的预期目标而对自我的语言、思维以及行为等加以控制。其内容包含自强自律、自我暗示、自我激励等，所解决的核心问题是对自我人生的规划。自我控制处于自我发展最高级的阶段，其关键在于自我想要成为的人以及为了这一目标而做出的自我努力与管理。常被人们提起的"自制力"指的即是自我控制能力。拥有自我驱动能力的大学生可以从不同的角度建立自我认知观念，进行客观合理的自我认知，充分感受自我，并进行合理的自我控制。

在自我意识中，自我控制是尤为关键的环节。大学生经常会出现行动跟不上心动的情况，这是因为对于每个人来说心动都很轻松，但是想要真正做出与之呼应的行为则需要靠自我控制来驱动自己的意志。通常而言，在某些领域获得较高成就的人一般自我控制能力都比较强。但是并不是任何自我控制都具有积极作用，如果自我控制强度过高，但却由于某些原因没有实现预期目标，就很容易出现自我质疑和否定的情况，导致自我意识出现一定程度的偏差。

根据活动内容的不同，可将自我意识划分为生理自我、心理自我及社会自我。

（1）生理自我。生理自我即人对自身的生理结构及状态，包括身高、体重、容貌等产生的认知和体验，其形成依托于人们之间相互交流和学习的过程。通过生理自我，人们可以对自我和非我进行区分，对自己依附于自身躯体而存在的这一事实进行正确认识。生理自我无法被改变，因其先天存在，当人们的自我意识不断发展，对于生理自我的认知也会越发成熟和清晰。尤其是大学生是对生理自我关注较为强烈的一类人群。

（2）心理自我。心理自我即一个人对于自身心理品质、个性特点和心理活动等产生的认知、经验和预期，主要包含思维、记忆、性格、爱好、能力、气质、感知等方面内容。

（3）社会自我。社会自我即一个人对于自己和外部世界所存在的联系，如自己在社会中所处的地位、担任的角色、承担的责任和义务、拥有的力量等的认知和感受。

以上三种自我息息相关，互相作用、相互影响。每种自我所具有的自我体验、认知和控制各不相同，其之间比例分配的差异造成了不同个体自我意识的差别，也使得每个个体都对自身、他人以及社会拥有独特的观念和感受。

2. 大学生自我意识的形成途径

自我意识不是与生俱来的，而是后天获得的，是个体在一定的社会环境中、与他人的互动中逐渐形成的。一般而言，大学生的自我意识的形成有以下途径。

（1）对自我行为的评价。个体在内部线索模糊的情况下，常常依据外在行为来推断自己的特征，如性格、态度、品质、爱好等。个体的行为既具有外显性，更具有内倾性，因而依据自己行为的判断为自我的确立提供了可靠的依据。例如，参加公益事业会让大学生对自己的评价趋向积极，而不断地受挫，有可能会让一个人对自己的评价趋于消极。

（2）他人的反馈与反射性评价。通过他人的反馈与评价，人们可以对自己的品质、能力、性格进行更加全面的了解。例如，如果一个学生被教师评价说需要再大胆、主动、刻苦一些，那么他会意识到自己目前性格表现不够积极，学习不够努力。有同样观点反馈的人越多，个体会越确信这些观点的正确性，进而明确自身的个性特点。反射性评价指的是个体在与其关系并不十分紧密的人交往接触时，虽然对方不会对自己给出清晰的反馈，但仍可以通过其对自己的态度进行自我认知与了解。一个人对自我的感知与他人相同，他人所感知到的我即是自身需要感知的对象。通过他人对自己的态度与感受进行自我认知，这是反射性评价的过程，该过程有助于自我意识的形成，可以帮助大学生进行正确的自我评价。

（3）通过社会比较。根据社会比较理论的观点，个体对于自我认知与评价有着极为强烈的渴望。因此，如果没有明确清晰的判断标准，个体通常会选择与自己相近的人进行比较。作为人一生中的黄金时期，大学时期的个体将会逐渐形成自己的职业理想、人生追求以及生活态度等，社会比较则是大学生进行自我认知与发展的重要手段。通过社会比较，个体可以实现进一步的自我提升。但是，社会比较并非都是正向的，其包括向下、向上以及相似的比较方式。出于不同的动机和目的，个体会选择的比较策略也不尽相同。如何学习自我认识，学会与他人理性的比较，有助于大学生更科学地认识自我、发展自我。

（二）大学生自我意识的培养方法

自我意识深刻影响着大学生的未来成长与发展。从某种程度来讲，大学生的自我意识将决定其人格的发展方向。因此，如何使大学生建立积极向上、健康良好的自我意识是值得探讨的问题。

1. 树立正确的自我观

（1）构建多元自我观念。大学生在自我认知与自我评价中容易走极端，于是一旦在某方面稍有成绩，便过于自喜，一旦在某方面受挫，又会全盘否定自己的价值。树立正确的自我观念，首先要建立多元的自我评价系统，例如，在大学的生活中，应该从学习、人际交往、自我成长等多个方面对自己进行合理的评价，不要将自我局限在狭小的范围内，要全面认识自己。某一方面失败不一定代表其他方面也不行，某阶段失败并不意味着整个人生失败。

（2）建立合理的比较体系。比较是大学生认识自我、了解自我和发展自我的重要方法。建立合理的比较体系，通常有以下两种方法：

第一，从客观角度，对比自己和他人，从而对自己产生正确的认识。大学生在与教师、同学和朋友等其他人进行接触交往的时候，应寻找合适的对比对象，通过对比择善而从，进行自我完善。

第二，倾听他人对自己的评价，从而形成正确的自我认知。大学生应多关注和接纳来自教师、同学、父母及其他长辈的评价，对他人的评价做到有则改之、无则加勉，消除自我评价的主观性，进而形成正确的自我认知。

另外，大学生在比较时，要多角度进行比较，如果总是拿自己的不足和别人的优势相比，那么肯定很难对自己有自信。为了找到自己的位置，可以进行纵向比较——将现实自我与过去自我、理想自我进行比较；也可进行横向比较——将自己与各种人作比较，既包括比自己优秀的人，也有比自己稍差的人。

（3）内省调适法自我反省。没有自我反省，就无从实现自我完善。在反省过程中，分析自己成败的原因，严于解剖自我，敢于批评自己，提高自我认识，调整自我评价，从而来定位自我。

内省调适法指的是借助自我观察、分析、报告等手段完成自我评价的过程，可用于纠正和消除自我评价中产生的主观偏差。大学生在与人接触交往的过程中留心自己的行为和言论，对其产生的心理体验加以分析；通过分析得出自我报告，将自己在整个过程中的言行及其所反映的自身特性报告出来；除了关注活动前及活动中的心理体验，还要关注活动的结果并予以评判。采用这种方法，个体可以拥有更加客观准确的自我认知，提高自我评价的相对稳定性，从而避免出现对自我的极端评价。

（4）活动分析中正确认识自我。大学生可以从活动中了解自己，从参与动机、参与态度、活动表现及最终结果等方面对自我加以分析。如果活动结果达到预期，则可以帮助大学生提高自我认知水平，进一步发掘自身价值，从而激发自信，开发潜能。例如，一个原本内向的大学生在同学的鼓励下参加了一次辩论比赛，并获得了奖励，他在活动的分析中就会发现自己具有这方面的能力，只要努力去做，就可以取得成功，得到别人的肯定，这对他增强自信、发现自我潜能起积极作用。

2. 积极接纳自我

接纳自我就是对自己的本来面目持肯定、认可的态度，接纳自我是发展健康的自我体验的关键和核心。具体而言，积极接纳自我包括以下两方面：

（1）全面看待自身的优缺点。要接纳自身的优点，也要接受自身的缺点。每个人都既有长处又有短处，要肯定自己的价值，善于学习别人的长处，同时，克服自己的缺点，充分地发挥自身潜力。

（2）保持乐观、性情开朗。进入大学后，大家经常面临各种生活、学习压力，经常遇到挫折和冲突。有的同学碰到挫折时，会把挫折当笑话讲给其他人听，使自己总是保持一种愉快、充实的心境，只要能换一个角度，乐观地去看待，那么个体一定会更快乐。

3. 提升自我效能感

自我效能感指的是一个人对于自己完成某件事或某行为的能力而进行的评估。自我效能感是人们进行行为决策的重要影响因素，也会对其开展这一行为所付出的努力和持续性产生影响。另外，自我效能感还将作用于个体的思维及情感反应模式，从而使个体在进行新行为学习上产生不同的表现。自我效能感高的人，对于成功有较高的期待、遇事理智处理、乐于迎接应急情况的挑战、能够控制自暴自弃的想法，并且善于发挥智慧和技能。自我效能低的人，畏缩不前、害怕失败、情绪化地处理问题、在压力面前易产生恐慌的情绪，不善于运用其知识和技能。大学生的成功与成长无疑与自我效能感有着密切的关系，提升自我效能感对于提升心理素质、获得幸福感有重要的作用。提升自我效能感的策略主要涉及以下方面：

（1）设立合理的行为目标。不断给自己设立比较容易完成的目标和任务，在成功中不断提升自身的自我效能感。行为目标的难度应该较为合适，既不能太容易，也不能难度太大，否则反复的失败就会降低自我效能感。对于难度较大的目标，可以分为很多可以实现的小目标，逐个攻破。自我效能感不是空洞，是在现实中通过不断的成功体验积累出来的。

（2）学会与他人进行合理的比较。找到合适的比较对象，在比较中发现自己的长处，从而提高自我效能感。有些人把自己和比自己优秀很多的人相比较，这种比较会降低自我效能感。找到合适的比较对象，取长补短，这才是自我发展之道。

（3）深入分析自己以往成败的原因。心理学家发现，对于自身成败的归因会影响个体对自我的认识。在分析成功的时候将其归结为自身的努力，在分析失败的时候归因于自己不够努力，在生活中寻找一个学习的榜样，有助于提高自身的效能感。

（4）发现自己的优势与特长，不断肯定自我。

二、大学生环境适应的理论基础与心理发展

（一）环境适应的分类

从大学生心理学范畴来讲，环境适应一般包括三个层面，即生理上的、心理上的以及对社会的适应。生理上的适应主要是指人们身体器官对味、光以及声等因素的适应，因此也可以称为生理适应；心理上的适应一般是人们在经历挫折、困难情况时，借助心理防御机制对自身进行调节的过程，是人们对环境适应的一种狭义定义；社会的适应主要是人们为满足自身生存需要而融入社会的过程。

具体而言，环境适应可根据不同分类标准分为以下不同种类。

（1）按环境适应效果分类，可以分为积极适应、消极适应。积极适应是一种比较主动、高级的适应形式，是个体为了生存、发展主动进行的调整，通过主观能动性的发挥，最大限度地改变自身所处环境，从而满足自身发展需要；消极适应则是一种比较被动、基本的适应形式，是个体为了生存、发展被动地对自身进行改变的过程，从而适应外部环境条件变化。一个人的生存、发展离不开自身对外部环境的适应，对于个人的生存而言，是个体自

身发展的基本要求。人们在满足自身生存需要后，便可以追求自己的发展需要。因此，从这一方面来看，生存适应和发展适应对个体的成长具有重要的价值意义，两者相互联系，相辅相成。

（2）按环境适应表现分类，可以分为外部适应、内部适应。外部适应主要是个体在行为层面对外部环境进行适应的方式；内部适应则主要是个体在情感、认知等心理层面进行外部环境的方式。通常情况下，外部环境和内部环境两者相互统一，共同达到个体在行为和心理层面的平衡状态。当然也存在例外，在遇到难以解决的困难或者需要履行某种规范制度时，个体需要在行为层面上表现出一定的服从，但是其内心却是不情愿的，这使两者出现不一致的情况。

（3）按环境适应内涵分类，可以分为广义适应与狭义适应。广义适应主要是指个体在经历外部环境变化后对自我调节系统进行有效反应的过程，通过充分发挥主观能动性，最大限度发挥自身的潜力，使内、外部环境达到平衡的过程。这种适应方式是一种有意识的、主动的适应过程，自主性较强。狭义适应主要是指个体在经历心理挫折之后，通过自我防卫机制对压力进行调整的过程，从而达到一种心理平衡状态。这种适应方式是一种无意识的适应过程，自发性较强。

（二）环境适应心理机制

环境适应心理机制的个体态度转变。在认知调节过程中，个体也会发生情绪体验方面的变化，继而产生意向形成等方面的变化。当然，这些变化又必然会导致个体行为和态度的改变。具体而言，个体态度的改变主要是个体对反应倾向、动力系统的调节过程，进而使个体达到一种心理平衡的状态，来适应逐步变化的新环境。

环境适应心理机制的行为选择过程。环境适应心理机制的行为选择是一个决策、比较的过程，是个体对原有行为、态度进行改变和调整的过程。具体来讲，这一过程是基于个体进行态度改变、认知调节的过程，并直接受自身态度倾向和思维方式的制约。如果个人的态度倾向、思维方式是消极的，那么自身的行为方式也会朝着消极的方式发展，反之则产生不同的行为方式倾向。而在这其中，顺应调节、同化调节发挥着极为重要的作用。

三、大学生健全人格的影响因素与培养策略

人格是人的心理面貌的集中反映，是伴随人的一生不断成长的心理品质。人格的成熟意味着个体心理的成熟，人格的魅力展示着个体心灵的完善。人格是一个丰富而复杂的心理成分，凝聚着文化、社会、家庭、教育与先天遗传的个体风貌。

"人格"是我们日常生活中的高频词汇，在生活中有多种含义。道德上的人格是指一个人的品德和操守。人格是构成一个人的思想、情感及行为的特有统合模式，这个独特模式包含了一个人区别于他人的、稳定而统一的心理品质。而人格（personality）一词最初源于古希腊语，是指演员的面具，面具会随着角色的变化而不断变化，后来此词被用作描述人的心理。心理学沿用其含义，把一个人在人生舞台上扮演角色时表现出来的种种行为和心理活动都看作人格的表现。其含义指一个人表现于外的、给人以印象性的特点和生活中所扮演的角色以及与此角色相应的个人品质、声誉和尊严等，具体而言有以下内容：

（1）人格是构成一个人的思想、情感及行为的特有的统合模式，这个模式包含了一个人区别于他人的稳定而统一的思想品质。

（2）人格指稳定的行为方式和源于个体内部的人际过程。

（3）人格是使个体的行为保持时间的一致性，并且区别于相似情境下的其他个体行为的比较稳定的内部因素。

（4）人格是"稳定的""内部的""一致的""区别于"他人的心理品质。人格存在于个体内部并不等于外部行为。

（一）影响大学生健全人格的因素

塑造和培养良好的人格是个体成长与发展的关键。在一个人的人生发展历程中有许多因素会影响人格的发展，人格的塑造是先天、后天因素共同作用的结果。例如，人格是环境与遗传交互作用的产物，在人格培养过程中要看到个体的生物遗传的影响，更要看到社会文化的决定作用。

1. 生物遗传

遗传是人格不可缺少的影响因素，但遗传因素对人格的作用程度因人格特征的不同而不同。通常在智力、气质这些与生物因素关系紧密的特征上，遗传因素较为重要；而在价值观、信念、性格等与社会因素关系紧密的特征上，后天环境因素更重要。人格发展过程是遗传与环境交互作用的结果，遗传因素影响人格发展方向及形成的难易。

2. 家庭环境

父母不同的教养方式造就了具有不同人格特征的孩子。如权威型教养方式容易使孩子形成消极、被动、依赖、服从，做事缺乏主动性，甚至会形成不诚实的人格特征；放纵型教养方式容易使孩子形成任性、幼稚、独立性差、唯我独尊的人格特征；民主型教养方式则容易使孩子形成一些积极的人格品质，包括活泼、快乐、直爽、自立、彬彬有礼、善于交往、富于合作、思想活跃等。

3. 自然物理

生态环境、气候条件、空间拥挤程度等这些物理因素都会影响到人格的形成和发展。对于自然物理环境的作用可以总结为：自然环境对人格不起决定性影响作用，更多地表现为一时性影响；自然环境对特定行为具有一定的解释作用。在不同的物理环境中，人可以表现出不同的行为特点。

（二）培养大学生健全人格的策略

大学时期是优化人格的最佳时期，经过积极实践和锲而不舍的努力，大学生是可以塑造良好人格的。人格中的性格、能力、动机、兴趣、信念等因素主要是在后天环境中形成的，只要坚持不懈地努力，这些因素都可以得到优化。

良好人格的培养、塑造是指在一定社会环境条件下，个体通过吸收一定的社会文化，经过自身主观努力和社会、学校教育的影响，使人格逐步健康化的过程。人格的形成是一个动态的发展过程。人格的发展经历幼儿期、少年期、青年期、中年期和老年期几个阶段，总的发展趋向是不断走向成熟。因此，人格健康化的历程也是一个变化发展、由量变到质变的过程。

就人格的发展过程而言，在进入成年期以前，人格具有很强的可塑性，通过自身的努力可以很好地改变。而当人们进入成年期以后，人格特点相对稳定，人格特点的改变、人格品质的优化都将成为很困难的事。大学时期是优化人格的最佳时期：一方面，大学生具备了成熟的自我意识，能准确认识自己人格中的长处和不足，有着很强的优化自身人格特点的需要；另一方面，大学生具有良好的自我管理、自我约束的能力，能够主动采取行动，不断完善人格。大学阶段以后，人格品质相对成型，人格特点趋于稳定，人格的可塑性降低，人格的优化将成为困难的事。因此，大学生应抓住人格完善的关键期，积极主动塑造完美的人格。

1. 培养标准

大学生健全人格的标准，具体见表 4-1❶。

表 4-1　大学生健全人格的标准

主要标准	具体内容
正确的态度	（1）理想远大，热爱祖国，关心社会，关心集体，遵纪守法 （2）学习认真，锐意进取，勤奋刻苦，坚持不懈，勇于创新 （3）自尊自信，自强自重，严于律己，正视不足，珍视生命 （4）宽以待人，助人为乐，诚实正直，尊重他人，善于协作
坚强的意志	（1）目标明确，志向远大，信念坚定，善于计划，自觉自律 （2）明辨是非，当机立断，排除干扰，不失时机，行动迅速 （3）目标专一，始终不渝，知难而进，锲而不舍，百折不挠 （4）自警自戒，自理自立，独立自主，控制冲动，纪律性强
积极的情绪	（1）乐观向上，心境良好，轻松愉快，朝气蓬勃，诙谐幽默 （2）情绪稳定，合理波动，表现适当，善于控制，无情绪化 （3）富同情心，善于体谅，热爱生活，情感热烈，重视友情
健全的理智	（1）观察敏锐，注意集中，记忆力强，想象丰富，思维深刻 （2）思想活跃，追求真理，冷静思索，善于思辨，较少盲目 （3）求知欲强，虚心好学，兴趣广泛，视野开阔，乐于创新 （4）集思广益，融会贯通，知识面广，刻苦钻研，举一反三
得体的行为	（1）谦虚谨慎，平易近人，助人为乐，见义勇为，献身社会 （2）举止大方，办事利索，信守诺言，坚持原则，敢于负责 （3）遵守时间，讲求效率，处事公正，知错就改，有始有终

2. 培养途径

塑造健全的人格要有三个途径，即早期教育，学校、家庭、社会协同教育，自我教育和终身教育。自我教育和终身教育则是大学生塑造健全人格的根本途径。可以从以下七个方面去塑造健全人格。

（1）认识自我，优化人格整合。认识自我是改变自我的开始，为了有效地进行人格塑造，应该首先充分了解自己的人格状况，明确人格塑造的目标、内容、途径、方法。人格塑造就是为了实现优化人格整合，达到人格的健全。整合是要使人格的各个方面逐渐由最初的互补相关，发展到一种和谐一致的状态的过程。优化的过程即选择某些优良的人格特征作为自己努力的

---

❶ 吕明，倪娜. 大学生心理健康教育 [M]. 西安：陕西师范大学出版总社，2018.

目标，同时针对自己人格上的缺点、弱点予以纠正。

（2）努力学习科学文化知识。智慧是人格的基本要素之一，学习知识，增长智慧的过程就是人格优化的过程。现实中不少人格的缺陷是源于知识的匮乏。

（3）从小事做起，培养坚强的意志。人格的塑造是一个艰苦漫长的过程，因此，健全人格的形成要从眼前的每一件小事做起。一个人的所言所行往往是其人格的外化，反之，一个人日常言行的积淀成为习惯后就形成人格。诸如，一个人的坚韧、毅力、细致，乃至开朗、热情、乐观等健康人格特征都是长期磨炼的结果。

（4）锻炼身体，强壮体魄。人格发展的过程是体质、心理因素与智力因素协同作用、相互促进的过程，健康的体质是健康人格发展的物质基础。一个体弱多病的人是难以发展健康人格的，拖拉、懒惰、急躁、懦弱等人格发展缺陷与缺乏体育锻炼有明显关系。

（5）与人坦率相处。保持自然纯真的自我，让别人看到自己的长处和短处，也与别人分享自己的快乐和痛苦。另外，能将内心对重视自己的人敞开是性格健全的重要特征。要拥有健康的性格，向别人开放自己的内心是最好的办法，所以，健全人格的有效途径是多与他人沟通意见，对别人袒露自己的内心。

（6）防止"过犹不及"。人格塑造过程中应把握辩证思维，掌握好度，否则就会过犹不及，适得其反。具体而言，应该自信而不自负，自谦而不自卑，稳重而不多疑，忠厚而不愚昧等。度的把握还表现在不同的人格特质要协调发展，这样才能形成合理、和谐的人格结构。

第二节　大学生学习理论及交往能力发展

随着高等教育的信息化及大学师生交往的疏离，大学生学习交往的诚实、尊敬、友爱和信任伦理渐渐成为影响大学生成长成人成才的重要条件，培养大学生的学习理论及交往能力是教育者的责任，是大学生精神的需要，也是大学生自我成长、道德思想不断提升的结果。

一、大学生的学习心理及潜能开发

（一）学习心理的定义

学习心理主要是指大学生在学习过程中产生的心理现象。了解大学生学习中的心理特征和心理问题，对于培养大学生健康的学习心理，学习中做到事半功倍、提高学习水平和能力、成为学有专长的社会有用之才是非常有意义的。学习是大学生的天职和主要任务，是大学生活的首要主题，学习活动也是大学生的主要活动形式。大学生在大学不仅能掌握知识、技术和发展智力，而且学习过程中能形成自己的人生观、价值观、道德品质和行为习惯，以适应社会的要求。学习是一种十分复杂的心理过程，它需要智力因素和各种非智力因素的共同参与。大学生的心理健康状况直接影响他们的学习过程和学习效果。培养良好的学习心理是大学生心理健康教育的重要内容，它对于提高大学生的学习质量和效率也具有特别重要的意义。

一般而言，学习是个体在生活过程中通过实践积累经验引起的行为或者心理的变化。学习是大学生的主要任务。大学的学习是人类学习的一种特殊形式和特殊阶段，是在学校教师有目的、有计划、有组织的系统指导下，以掌握间接经验为主的智力实践活动的过程。

（二）学习心理的结构

大学生正处于智力发展的高峰期，记忆力、观察力、逻辑思维能力与创造性都有很大的发展潜力，学生学习的好坏将受很多条件和因素的影响和制约。

1. 智力因素

智力因素主要包括一个人的注意力、观察力、记忆力、想象力和思维力。学习就是通过智力活动感知客观世界、积累经验、掌握知识、解决各种问题，从而认识客观世界发展变化的本质和规律。心理学家把智力因素中的注意力、观察力比作智力的门窗，通过它们，知识才能进入大脑的房间，才能在大脑中进行整理、储存并在一定条件下输出。记忆力好比一座仓库，储存得越多，越能加工出好的产品；想象力是智力的翅膀，它对接收的信息进行加工、改造，创造出新的形象；思维力是核心，犹如电脑的主机，只有它正常运转，整个智力工厂才能正常生产。智力的各个因素是保障学习活动顺利进行的必要条件。

2. 非智力因素

非智力因素是指除智力因素以外的所有心理因素，包括情感、意志、需要、动机、理想、信念、世界观、人生观、价值观以及兴趣、气质和性格等。非智力因素对认识过程起着促进和调节作用，决定学习的价值取向、学习的动力、学习过程的调控和学习的效果。

对于一般的大学生而言，学习的好坏主要是由非智力因素决定的。对学习若缺乏足够的兴趣，又没有刻苦钻研的精神，即使拥有再高的智力，也不会有好的学习效果。

（三）大学生学习的特性

1. 专业性

和中、小学基础教育相比，大学教育属于专业教育，大学生被各高校录取时就已经基本确定了专业方向，因此大学生学习的职业定向性已经比较明确，这就要求大学生掌握自己所学专业基础知识和专业能力的同时，还要结合主、客观环境做好自己的职业生涯规划。

2. 自主性

大学阶段的学习，教师的课堂教学大多是以讲座的形式进行提纲挈领式的引导教学，除传授知识外，更重要的是教会学生学习的方法。这就特别要求学生要有学习的自觉性和主动性。

3. 综合性

目前，高等教育不仅重视学生对专业知识的学习和掌握，更重视对学生综合素质和能力的培养。因此大学生除了参与专业知识学习，还应该积极参与各种社会实践活动，融入社会，了解社会，才能为自己顺利就业做好充分准备。

4. 探索性与创新性

大学的学习既要掌握专业知识，还要钻研知识的形成过程和科学的研究方法，善于思考，提出问题，分析和解决问题。不但要知其然，还要知其所以然，这也是现代社会创新型人才培养的基本要求。

（四）学习心理的三个层次

大学生的学习心理状态和学习水平大致可以分为三个不同的层次：①最低层次，即学习心态和学习状态都较差，经常处于考试焦虑和缺乏明确的学习动机甚至厌学的学习心态之中，没有良好的学习策略，机械被动地完成学习任务，勉强能应对学习和考试；②中间层次，即学习心态和学习状态中等，有较明确、强烈的学习动机及较大的学习兴趣，学习认真积极，能较好地完成学习任务，考试成绩较好；③最高层次，即学习心态和学习状态健康、良好，学习目标非常明确，学习动机强烈，有旺盛的学习热情和浓厚的学习兴趣，积极进取、不怕困难，认为学习不是一项任务，而是一种乐趣，他们不仅能非常好地完成学习任务，而且能够进行发现式、探究式、创造性地学习。

（五）学习的心理焦虑

考试焦虑是最易引起大学生心理焦虑的因素，适度的压力可以促进考生集中思考、认真答题，但如果压力较大，考生又不能正确认识和对待，就会带来负面影响甚至产生心理障碍，如果没能及时调节还可能会引起心理疾病。考试障碍主要表现在考试焦虑、考试怯场、考试作弊方面。

考试焦虑是在一定的应试情境下，个体受认知评价能力、人格倾向以及其他身心因素所制约，以担忧为基础特征，以预防或逃避为行为方式，所表现出来的紧张、恐惧的情绪状态。考试焦虑是一种负面情绪，它既可以是一种暂时性的情绪状态，又可以持续发展成为焦虑性神经症。适度的焦虑有利于考生积极地调动生理和心理能量，全神贯注地应对考试，但如果过度地焦虑，就会干扰识记和回忆，主要表现为考试前紧张、忧愁、失眠、恐惧、心烦意乱；临考时四肢发麻、肌肉颤抖、心跳加快、冒虚汗、注意力不集中、尿频、腹泻等，原本熟悉的知识这时由于过度的紧张反而想不起来，严重时还出现晕场现象，影响思维水平的正常发挥。对待考试过度焦虑的问题应从以下方面着手：

（1）减轻考试的心理压力，正确看待考试。不要把考试成绩看得过重，不要老是想着考试结果，也不要想分数决定自己前途和命运，应把注意力集中在考前复习和考试过程中对问题的解决上，尽量排除杂念，专注地解答考题。

（2）制订科学、合理的学习和复习计划，提高对自己的信心。对于自己所要掌握的知识做到"心中有数"，复习的重点与自己的薄弱环节应该重点复习。还要根据自己学习情况确定预期目标，不能不切实际地提出期望徒增焦虑。同时在考前和考试过程中要对自己时刻充满信心。自信是一种动力，也是成功的开端。世界上不是因为事情难办使我们失去了自信，而是因为失去了自信才使事情难办。

（3）保持身体健康。要注意劳逸结合和营养丰富，每天健康膳食保证充足睡眠，不搞疲劳战术，以免形成学习的恶性循环。

（4）考试时尽量放松，按照先易后难的顺序集中注意力答题，尽量使自己平静下来，再去看试题。这样，随着情绪的稳定，记忆也就会变得清晰。如果通过自身的调节仍然不能缓解过度焦虑的情绪，应该寻求专业人员进行心理帮助。

（六）潜能开发

潜能具有一个动态的操作指标，是需要外在与内在共同促进，需要一定的环境氛围才能表现出的优越表现。

1. 内在激发

（1）心理暗示。皮格马利翁效应是指积极期待达到了主观的暗示，通过潜移默化的鼓励氛围促使学生逐渐接受积极的自我暗示，提高对自我的期待。研究认为，有效的心理暗示可以显著提高学生的学习动机和自我效能感。而中等强度的学习动机和高自我效能感对发挥能力、取得良好表现密切相关。

（2）发展性心理辅导。发展性心理辅导的主要观点有三方面：一是人是理性的，取向是积极的；二是人都具有潜能；三是每个人都有接受辅导的需要，特别是成长中的个体。发展性心理辅导建立在人本主义咨询体系上，体现了一个健康的个体同样可以通过心理辅导获得更加完善的自我。

2. 系统训练

（1）课堂实践——以教师为主体。通过改革课堂模式，更加重视教师自身素质提高以及教学方式的改变，重视学生的个体差异，在课堂上通过教师的指引和鼓励开发潜能。也有通过教师以潜能开发指导者的身份陪伴学生成长、师生教学相长、共同进步的实践模式。

（2）实践训练——以学生为主体。通过贴合不同学生的不同个性制定相适应的训练方式，尊重学生的兴趣、特长，以兴趣作为潜能开发的动力，有利于发挥学生最大的能动性。尤其是在生理潜能的开发中，适当的训练计划对于循序渐进的挖掘能力十分重要。

二、大学生学习动机的培养与策略

（一）培养大学生的学习动机

学习动机是最为重要的学习行为动力因素之一，它能够推动、指导和维持学习的顺利进行，其主要有外在和内在两种心理动机。学习动机是满足学习需要的一种心理状态，具有激发指向、维持调节的功能。其包含了内部动机和外部动机两种，内部动机指对学习过程本身感兴趣，如对知识本身感兴趣；外部动机是指动机由外部因素引起，对获得内在的成果感到满足，如考试取得好成绩会获得奖学金和他人的表扬。外部动机不能转化为内部动机，真正推动和维持个人持续投入的是内部动机。

动机水平与工作效率呈倒"U"形曲线关系，即动机水平过高和过低都无法达到最佳的工作状态。工作的难易程度不同，所需的动机水平也不同。对相对简单的工作，需要较高的动机水平；而相对困难的工作，则需要较低的动机水平。如做一项实验，需要持久的努力，不能一开始动机过高；而对于不逃课这个任务，则需要强烈的动机，控制自己即使老师不点名也要坐到教室里。

学习动机对学习起着巨大的推动作用，控制着正确的学习方向。在学习中常会遇到困难和挫折，如对专业没兴趣，对学校不满意，缺少学习动力，校园里高手如云等原因都会使人失去学习的动力和信心。学习动机会帮助人们寻找克服困难的途径，使人们持续主动地学习，从而取得优异的成绩。不足的学习动机会降低克服困难的勇气和决心，但过高的学习动机会使人们过于看重学习结果，制定目标时出现偏差，甚至成绩的微小波动都会造成情绪紧张，导致效率降低。

1. 培养学习兴趣

学习兴趣是一种渴望认识世界、获得科学文化知识的意识倾向，这种意识倾向通常与个体的情感体验结合。学习兴趣是学习动机中最现实、最活跃、带有强烈情感色彩的因素，它分为有趣、乐趣、志趣三个阶段。人们初次看到某个事物，被其外在的新奇现象吸引，产生时间短暂的直接兴趣，成为有趣；当再次看到该事物时，若对其依然充满兴趣，有趣逐步定向且形成乐趣，此时为兴趣发展的中级水平；当乐趣能够与个人理想和奋斗目标结合时，乐趣转化为持续时间较长的志趣，志趣为兴趣的高级阶段，能够推动个体积极自学，当人们将专业兴趣提升到志趣阶段后，会自主地全身心投入学习中。

将专业渴求转化为志趣，快乐着学习，并从学习中寻找快乐，因此学习兴趣的调节至关重要。

（1）兴趣需要培养。只有培养自己对专业知识的兴趣，才能更好的学习。鼓励自己，专业的积极暗示，了解和挖掘专业知识对自己的意义，在枯燥的专业知识理论中寻找与自己志趣相投的共同点，这都是培养兴趣的有效方法。

（2）兴趣需要知识的积累与实践。兴趣是在知识的积累和实践中逐渐增长起来的。设法将每一堂课的内容都听懂，不懂的及时思考或提问，课后积极练习，尝试实践，从每一次努力开始，每得到一次喜悦的回报，学习的兴趣就会增加一分，对专业的兴趣将逐渐增加。

（3）兴趣需要迁移。将兴趣进行迁移，可以更加愉快的学习。最常见的迁移，寻找老师讲课内容中与自己兴趣的联系，将自己感兴趣科目的愉悦心态转移到不喜欢的科目上，激发自己学习专业课时的兴趣与热情。

其实，学习的兴趣早已包含在生活中，不过是人们过分关注学习成绩和别人的评价，而掩盖了对习得知识的乐趣，当人们放下成见，全身心投入学习时，就会察觉获取知识本身也充满趣味。

2. 妙用成就需要

需要是一种激发人们寻求满足的紧张状态，而动机是内心需要的外在表现，因此，主动学习的基础是找到一种迫切的需要。马斯洛需求层次理论，将人的需要由低到高分为五个层次，分别为生理需求、安全需求、社交需求、尊重需求和自我实现需求，低层次需求满足后才能被高层次的需求所激励。大学生活已经基本满足了生理需求、安全需求，较为缺失的是社交需求和尊重需求，在此阶段需要正确认识自己，爱护和尊重自己，树立信心，正确将失败归因，保持积极乐观的心态和面对挫折的勇气。

人们通常不会满足于达到一种相对稳定的状态，而是随着一个层次的需求得到满足，将会开始追求下一个层次的需求，将这种需求定义为克服困难，锻炼力量，努力从事困难工作的推动力称为成就需要。随着研究深入，成就需要逐步发展为成就动机，定义为与自己所持有的良好或优秀的标准竞争之下，个人所学习而来的追求成功的需要或驱动力，即希望独立并成功地完成或掌握一些充满困难或具有挑战的事情的一种愿望。学习动机则主要反映在成就动机上。个人的动机水平依赖于其对目的的评价及达到目的的可能性评估，基于积极和消极的两种情感的占优倾向将成就动机分成了力求成功和避免失败两种动机趋向。

人在做某个事情时受内心需求驱使的同时，也会评估成功的可能性和成功后所获得的奖励，如成就动机高的人会选择较为实际的工作，在成功和成功后的奖励（包含物质和精神两方面奖励）中去寻求最大平衡点，而避免失败的人会选择极易成功的工作，使成功概率最大，或选择几乎不可能成功的工作，为自己的失败提供理由。这种力求成功和避免失败的心理倾向的两两组合组成了成就动机的四种类型，见表 4-2❶。

表 4-2　成就动机的四种类型

类型	表现
高驱高避	设置目标过高，过度努力，害怕失败，焦虑恐惧。 如：有的同学想成为名气与财富双收的人，但在每次考试或比赛时，异常焦虑紧张，十分担心失败
高驱低避	自我效能感高，成功定向，失败后想办法，寻找突破。 如：有的同学人穷志不穷，树立了远大的理想，踏实努力，即使失败也不能打到他，能够持之以恒的努力，追求梦想
低驱高避	设施目标过低，极力避免失败。 如：有的同学想转专业，但考虑到转专业要报名、笔试、面试，又担心失败，最终选择了放弃报名
低驱低避	放弃努力，认定自己是失败者。 如：有的同学因为一次考试挂科，就认为自己不适合学习该专业，放弃努力，最终导致退学

（1）高驱高避。高驱高避类型的人被认为是过度努力者，兼具成功定向者和避免失败者的特点，即受到成功的奖励和成功本身的诱惑，又对失败充

---

❶ 本节表格均引自：吕明，倪娜. 大学生心理健康教育 [M]. 西安：陕西师范大学出版总社，2018.

满恐惧，在面对一项任务时交织着追求和排斥两种情绪。这种类型的学生在他人面前常表现淡定、贪玩，不在乎考试，私下里却偷偷努力，尝试用成功来逃避失败，受到紧张和冲突情绪的困扰。这类学生需要调整自己的目标和价值观，鼓励自己放慢速度，逐步接近目标。

（2）高驱低避。高驱低避类型的人被称为趋向成功者，对学习有极高的兴趣，对事物充满好奇心，表现力强、自信、勇敢、机智，相信学习本身极具价值，能够自主学习，并在学习中获得乐趣。这种类型的人学习十分认真，课后也热衷于学习，面对事物不断尝试超越现状，发展自我。这类学生可着重发挥特长，在活动和比赛中获得鼓励，培养高尚的情操，积极热情地帮助他人，挑战更多领域。

（3）低驱高避。低驱高避类型的人被认为是逃避失败者，对成功的期望很低，习惯于逃避失败，怀疑自己的能力，担心被指责，常感到焦虑和紧张。这种类型的人学习并不存在问题，但学习兴趣很低，动机不强，表现得懒惰、无所谓，甚至有抵触和逃避情绪。这类学生需要在学习中多做尝试，增加成功的体验，以寻找学习兴趣，培养自信心。

（4）低驱低避。低驱低避类型的人被称为接受失败者，不奢望成功，也不恐惧失败，即使成绩让人羞愧，也显示出漠不关心的态度，拒绝有关挑战的任何事物。表现在对需要努力的事情直接拒绝，上课不听讲，下课不复习，逃避与学习有关的作业、实验、见习等。这类学生需要寻找更多表现机会，从简单任务着手，获得家长、朋友、教师的支持和鼓励，培养学习兴趣，强化内部学习动机。

目标的吸引力越大，个人的主观能动性发挥就越大，实现目标能够施展才华的机会越多，成就动机就越高。当具有一定挑战且成功概率较高时，成就动机则越高。因此保持信心和动力，设置合理的目标，主动思考，不畏挫折，敢于挑战，成功的可能性就会更大。

3. 制定学业目标

目标是指个人从事活动所要达到的目的，分为掌握目标和成绩目标。掌握目标是个人从事活动的目的指向掌握、理解该项任务，发现新技能，提高自身能力；成绩目标是指个人从事活动的目的在于比别人做得更好，超过外界的要求标准，进而获得他人对自己能力的肯定和赞扬，避免他人对自身能力的否定评价；学业目标则指学生从事学习活动所要达到的目的，其中掌握目标是为了获取学习活动所要传递的知识和技能，在遇到困难时，设定掌握目标的学生更可能坚持努力学习；成绩目标定向在对学习者能力的测试结果上，而并非学习的机会。

学业目标是引发学习行为的主要动力之一，如大学生考前复习是为了不挂科，积极参加实习的目的是顺利就业。大学生都很清楚目标的重要性，但是制定目标要花时间和精力去探索和实施，随之而来的麻烦和不确定的状态使得大多数学生不愿意去制定目标。因为没有目标和方向感，只能带来茫然的纠结，纠结的结果是时间的流逝，机会的丧失，只能承担失败的后果。所以，对于人生职业探索期的大学生而言，精心制定的目标比随意确定的目标更重要，随意确定的目标比没有目标更有效。

学业目标的制订分为长期目标、中期目标、短期目标、小型目标和微目标。中长期目标包含了个人对整个生活状态的期待，是个人价值观、人生观、世界观的体现，在设立这类目标时，要维护自我和谐的状态，符合自身条件和观点，大学生在大学期间需要树立远大的理想，把个人的前途与国家的命运联系起来，把价值的实现和社会现实联系起来，多做审视探索，及时调整方向，让自己保持动力和信心，将目标转化为行动，坚持奋斗才会成功。短期、小型和微目标的设立遵循 SMART 原则：S 代表具体，指绩效考核要切中特定的工作指标，不能笼统；M 代表可度量，指绩效指标是数量化或者行为化的，验证这些绩效指标的数据或者信息是可以获得的；A 代表可实现，指绩效指标在付出努力的情况下可以实现，避免设立过高或过低的目标；R 代表相关性，指绩效指标与工作的其他目标是相关联的；T 代表有时限，注重完成绩效指标的特定期限。

学业目标的制定是满足学业要求的手段，不配合行动永远无法实现。设立好目标后，必须采取措施，按计划行动。停留在只做出了改变还未发力就已经感觉良好的即时满足感，只能带来新一轮的后悔和懒惰。寻找真正感兴趣的事物，当遇到挫折时，要原谅曾经的自己，关注真正有价值的东西，着眼于创造未来，追求成长。

（二）大学生学习策略的运用

科技迅速发展，信息社会不断变革，使得知识更新速度越来越快，只有不断学习才能不被时代抛弃，而学会学习，掌握学习知识的方法才是真正重要的资本。目前，大学生对学习策略的应用水平普遍较低，大多数学生具有一定的学习策略知识，但对其的恰当选用显得盲目，同时对于知识本身，只关注课堂学习，而不重视对知识的深加工和资源的合理配置，巩固知识的方法掌握不好。面对当下的学习任务，找到知识的规律，遵循学习规则，避免拖延，将资源最大化利用来帮助我们提高学习效率，是大学生急需掌握的技能。

学习策略是学习者为了提高学习效果和效率，采用的规则、方法、技巧和调控方法的总和。学习策略的使用是学生学会学习的重要指标，目的在于用较少的"能源消耗"有效地实现学习目标，进而提高学习效率和质量。学习策略具有四个特征：①学习者为了完成学习目标而主动使用；②是有效学习所必须的；③其与学习的过程相关；④主要体现在学习计划上，由规则和技能组成。

1.学习策略的类型

学习策略可以概括为认知策略、元认知策略和资源管理策略三类。认知策略对学习者的心理过程产生调节和控制作用，是一种特殊的程序性知识，如复述策略（简单的知识多重复，复杂的知识做标记）、精加工策略（做笔记，自我提问，利用已有知识背景与新信息产生联系）、组织策略（列提纲，画出关系图，制作表格，将新旧知识进行整合）等都属于认知策略；元认知策略可对学习者的认知过程和结果进行有效的监视和控制，是个人关于自己认知过程的知识和调节这些过程的能力，如自我计划策略（制订学习目标，提出待回答问题，分析如何完成学习任务）、自我监控策略（自我提问，考试时监测答题速度，阅读时注意跟踪效率）、自我调节策略（做法与自我监控策略类似）等；资源管理策略辅助学习者管理可用的环境的资源，包含时间管理、学习环境管理、努力状态和寻求支持策略等。

2.学习风格分析

学习风格是指学习者对学习环境的感知和认知方式，这种学习方式结合了学习者的学习策略和倾向，表现出相对稳定且具有个体特性的学习方法。当个人的学习方式没有受到学习环境和内容的影响，始终保持连续和连贯的学习策略和倾向时，其所特有的学习风格便得以确定。

（1）学习风格的特性。学习风格的形成受到先天生理因素和后天环境影响的双重作用，学习者基于个人的生理特征，并在家庭环境和教育方式影响下，逐渐形成了具有个人特征的学习模式，其中个人性格、思维方式和观念意识等内部因素在学习风格形成中期起决定性作用。学习风格具有四个特性：①个人的生理特征和学习环境存在差异，学习风格具有独特性；②学习方式一旦形成，不会轻易发生较大变化，学习风格具有稳定性；③随着年龄和阅历的增长，学习风格也会改变具有可塑性；④学习方式在学习活动上得以直接体现，学习风格具有直接性。

（2）学习风格的类型。根据学习风格测试量表可知，学习风格包括八种类型。从知识的加工方面分为活跃型和沉思型；从知识的感知方面分为感悟型和直觉型；从知识的输入方面分为视觉型和言语型；从知识的理解方面分为序列型和综合型。

①活跃型。活跃型学习者更倾向于积极地参与学习过程，乐于讨论、解释和应用所需掌握的信息，但急于求成，不能全面细致地分析问题。这类学生多采用整体加工的方式，在完成需要做整体完成的学习任务时，表现较好，在面对阅读、推理等学习任务时，常表现不佳，甚至伴有学习能力缺失。这类学生人际智力突出，参与、分享和合作形式的学习效果最好。

②沉思型。沉思型学习者通常会在考虑周全后再作反应，精确度高，当面对熟悉且简单的问题时，反应较快，但当需要解决复杂问题时，反应较慢。这类学生善于细节性加工，在阅读、记忆、推理、创造力能方面都表现得较好。这类学生内省智力突出，适合独立学习。

③感悟型。感悟型学习者对细节很有耐心，对知识的学习更加实际和仔细，擅长记忆事实，喜欢做现成的工作，但是面对复杂和突发情况，往往表现不佳。这类学生自然观察能力较强，通过直接观察和体验式的学习效果较好。

④直觉型。直觉型学习者善于发现事物之间的关系，对新概念和新知识有较大的热情，能够理解抽象的知识，更具创新能力，但当面对需要重复性的学习内容时，往往没有耐心。这类学生逻辑、数学较好，利用抽象思维寻找一般规律的学习效果较好。

⑤视觉型。视觉型学习者擅长记住他们所看到的东西，如影片、图表、

演示等内容，可以在同一时间段内接收多项信息，善于发现细微的细节，但易于被其他容易看到的事物干扰。这类学生视觉空间智能突出，对知识内容做标记，有助于这类学习者获取知识。

⑥言语型。言语型学习者善于通过文字和口头解释获取知识，喜欢用口述和笔记的形式表达信息，但当过多的观察文字和口头信息输入时，表现会受到影响。这类学生语言智力较为突出，用听说的方式学习效果最好。

⑦序列型。序列型学习者倾向于按部就班地寻找答案，习惯于按照线性步骤理解问题，每一步都相互关联，符合逻辑的逐渐深入学习，但一旦信息衔接不上，往往失去头绪，甚至影响前面获取到的内容，在面对需要将不同信息相联系时，往往表现不佳。

⑧综合型。综合型学习者能够快速地解决问题，喜欢没有特定计划，随意接收信息，一旦找到了信息的主要部分，就会用新奇的方式将所有信息整合起来，但对知识的细节把握模糊。

学习风格不是绝对的，没有好坏之分，每个人都具备这些倾向，只是表现出的倾向程度不同，选择适合自己的方式，在最擅长和领域学习。没有人能够学会所有的知识，重要的不是喜欢或习惯采用某种方式，而是发现和接受自己，挖掘潜力，发挥所长。

3. 学习时间的管理

在学习中无论是拖延、纠结，还是低效，都与时间管理密切相关，它直接影响了我们的学业成绩和生活质量。大学生改变学习方式首先从改变行动开始，而改变行动最主要的一点就是学会管理时间。

（1）时间管理的作用。时间管理是指对时间计划、安排、控制、分配、使用、反馈等活动，以实现相应的目标。时间管理包含三个方面：时间价值感，即对时间的功能和价值的态度和观点；时间监控观，即利用和统筹时间的能力和观念；时间效能感，即对自己驾驭时间的信念和预期，体现了个人对时间管理的信心和行为能力的估计。

时间管理既是手段，也是能力。善于驾驭时间的学生对学习更有掌控力，有更强的自信心和自尊心，能够出色地完成学习任务，提升学习效率，提高学习成绩，此外，时间利用率越高，业余时间就越多，留给个人娱乐和休息的时间越多，良好的生活质量和身心健康就越能得以保障。

（2）时间管理的阶段。掌握时间管理需要经过以下三个阶段：

①认识时间。在面对学习困难时我们常会选择逃避或拖延，在拖延和逃避的同时，已经失去了优势。可以尝试着计算以下拖延成本：写下一周内确认已经安排好的日程，详细记录每天确定要完成的事情，将记录间隔分为一个小时。回顾一下，在一周的非计划日程中，有没有未安排完的事情；一周内有多少时间用于完成目标；是否对要做的事情感到烦心；思考产生心理感受的原因。

②把握时间规划原则。所有要做的事情都可以按照紧迫性高低和重要性强弱分成类别，我们常将时间放在紧迫但不重要的事情上，但实际中，我们最应该将时间放在重要的事情上。将事情划分等级之后，按照事情的等级分配时间，保证要事第一。

③体验与反思。时间管理还需要行动，在具体操作时可借助以下方法：明确真正要做的事情，同一个时间内只做一件事；向他人做出承诺，利用监督的力量克服困难；当我们感到不在状态时，告诉自己再坚持 5 分钟；注意力无法集中时，定好闹钟休息 10 ~ 15 分钟；回顾要做的事情和完成的时间，反思还存在哪些问题；该如何做出改变。

时间管理是一种技巧，不要为此感到紧张或担心，每个人都有适合自己的管理方法和能力，只要开始行动，态度就会发生变化，加入专注力，方法也将随之变得科学。做时间管理时要给自己留有休息和娱乐的时间，无论是提高学习效率，还是专注于娱乐，目的都是成为一个期待的自己。

4.学习的记忆方法

记忆是将获得的知识存贮和读出的神经过程，也是认知系统的重要环节。所有推理、运算、语言、分析等的高级认知活动的基础都是记忆。三级加工模型将记忆分为瞬时记忆（又称感觉记忆）、短时记忆（又叫工作记忆）、长时记忆。瞬时记忆是信息进入大脑，刺激作用于感觉器官所引起的短暂记忆，其保持的时间在1秒左右，此时的信息都处于未加工的原始状态。短时记忆是当信息经过瞬时记忆的筛选进入登记阶段，是长时记忆的中转站，短时记忆的容量有限，只能一次记住 7±2 个无意义的组块，若不经过复述很容易会遗忘。长时记忆是信息的存储中心，能够永久存储信息，它的容量是无限的，长时记忆以有组织的状态存储，主要由短时记忆复述而来。

（1）记忆的影响因素。系列位置效应使我们对学习内容的开头和末尾记忆深刻，如在背课文时，前几句话总是印象最深，学习内容的中间部分由于受到了前面和后面内容的前摄抑制和倒摄抑制，导致中间部分记忆效果最差；记忆具有场合相关性，学习环境和记忆线索的匹配度会直接影响记忆效果；当学习内容既有意义又可理解时，记忆效果最好；当相关领域知识越丰富，情绪越正向时，记忆效果越好。我们可以利用记忆的特点和影响因素，强化大脑功能，提高记忆力。

（2）记忆的策略。

①及时复述，定期复习。经过瞬时记忆筛选的信息首选进入短时记忆，短时记忆中的一部分经过复述进入长时记忆，未经复述的部分在短时记忆中保持一分钟左右后将被遗忘，因此需要及时复述，调动身体器官，集中注意

力重复知识内容加强有效的记忆。人们遗忘的过程是先快后慢，在知识内容记忆 20 分钟后会遗忘 40%，而在几天之后，记忆的内容将所剩无几，定期复习可以有效减缓遗忘进程。

②联想记忆，增强理解。长时记忆的内容是放射性的相互联系着的，在记忆过程中尽可能的提问可加深对记忆内容的理解，主动将现学的知识与以往的知识联系起来，采用图像、颜色标记、不同记号等手段可调动左右脑加深记忆。

③匹配环境，调节情绪。给学习内容想象一个尽可能详细的图像，反复练习可帮助大脑在想象中获得体验感，增强记忆。在考试前夕，在模拟的考试环境下学习和识记，可帮助大脑提取与记忆情景一致的信息。紧张的情绪会破坏记忆和认知作用，调节好正向情绪，记忆效率才会提高。

除了以上记忆策略外，将学习环境和娱乐场所分开，布置学习环境，使桌布、墙壁等颜色具有寂静感，都可以帮助记忆。此外，在学习时不受干扰，提高注意力，专注在所要记忆的内容上是最基本、最重要的记忆方法。

5. 创造性学习

随着社会发展，科技进步，教育对大学生的创造能力提出了新的要求。我们通常把创造力与出类拔萃的天才联系起来，普遍认为自己的创造不够，但实际上，创新无处不在，策划一个活动，想到一个舞台剧的点子，排练一段舞蹈，改编一首歌曲，甚至组织一场学习交流班会，都是创造力的体现。在学习中，培养创造精神，将增强学生之间的合作意识和动机，增进学习交流，使学习方法和学习能力都得到提高。

创造性学习指的是学生在学习的过程中不局限于教材上或教师所讲授的内容，还能够提出独到新颖的观点和方法。创造性学习主要在个人的学习活动中体现：在实践中，能够找到不同的推导过程或思维过程来指导实践；在学习中，能够独立自主思考，探索出与之前相同的或不同的推论和判断；在解决问题或分析问题时，具有批判精神，全面考虑，找到多种方法和途径。

创造性学习的核心是进行创造型思维，它包含了发散思维和聚合思维：发散思维的思路是面型的，主要依赖右脑的审美型生理机制，追求更多、更新型的想法；聚合思维的思路是线型的，主要依赖左脑的分析型生理机制，追求更理想、更科学的可能性。当个人的思维进行发散到聚合，再发散到再聚合的活动，促使意识状态从不平衡到平衡，再从新的不平衡到新的平衡，此时新的观点和思想得以产生并发展。创造性学习能力可以从以下四方面进行培养：

（1）积累知识。创新力的基础是认识对象，在事物尽可能多的角度上发现问题，分析相关联系，从而获取解决问题的办法。获取的知识越丰富，越容易将知识以有用的方式整合起来，获取的知识才会更有深度和广度，创造前景才会更广阔。

（2）培养创造性思维。首先，学会质疑，对学习内容中已有的观点、结论和成果进行大胆存疑，提出问题，寻找突破点；其次，解放大脑，进行大胆想象，可以帮助我们冲破知识经验的束缚，反思过去，为创造力架起桥梁。

（3）拥有热情。无论是学习知识还是追求真理，都需要坚强的意志和持续的关注，积极参与学习交流、设计竞赛等活动，在激励环境中，吸取经验，保持求知欲和好奇心，在交流和激励中产生新思维。

（4）坚持实践。经验可以指导实践，实践反过来会完善经验。实践有助于巩固和理解知识，使抽象的理论变得生动具体，同时理论在实践中相互作用，联系整合，众多的新问题也在实践中应运而生。

在大学生的学习过程中，尝试新事物，开辟新道路，换个角度思考问题，不仅有助于找到解决问题的方法，获取实现目标的途径，还可以在这个过程中发现新思路、新办法，创新也随之而来。

三、大学生人际交往障碍与调适

（一）人际交往重要的原则

大学生要提高人际交往能力，建立、维系和发展良好的人际关系，必须了解和遵循人际交往中重要的原则。

1.真诚原则

真诚是做人之本，是美好品德的体现。真诚是打开别人心灵的金钥匙，因为真诚使人产生安全感，减少自我防卫。越是好的人际关系，越需要关系的双方暴露一部分自我，也就是把自己的真实想法与人交流，而完全把自我包装起来无法获得别人的信任。大学生只有以诚相待，才能建立起信任感，才能促进人与人之间的交流与合作。

2.平等尊重原则

寻求尊重是人们一种较高层次的心理需要。平等尊重是个体进行交往的基本前提。大学生自我意识比较高，自尊心比较强，他们在交往中特别注重人格平等，希望得到别人的尊重，任何以强欺弱、盛气凌人的做法，都将严重阻碍人际交往的进行。尊重包括自尊和尊重他人。自尊就是在各种场合都要尊重自己，不轻视自己。尊重他人就是要尊重别人的生活习惯、兴趣爱好、人格和价值，只有平等待人，才能得到别人的平等对待；只有尊重自己、尊重别人，才能得到别人的尊重。自我尊严得以维护，自我价值得到承认，这是许多人最强烈的心理欲求。只有在交往中注意这一点，才能在交往中应对自如。

3.互利互惠原则

只有交往的双方都能从交往中获得某种需要的满足，良好的人际关系才能建立和维系。若交往只想获得而不给予，只有单方获得好处的人际交往不能长久。互利互惠性越高，交往双方的关系就越稳定和密切，反之，交往双方就会疏远。互惠互利不能简单地理解为等价交换或物质、经济上的相互给予，而首先应该理解为人际交往中的相互支持、相互帮助、相互爱护。好的人际关系都是双方受益，交往双方要讲付出和奉献，既有物质上的相互扶持，更有心理及情感上的相互慰藉和满足。对大学生而言，互利互惠主要是指在精神方面的互利，如互相关心、互相爱护、互相帮助、互相理解、互相尊重等。人际交往是建立在相互需要的基础之上的，对于人们而言，健康、成功的交往是人与人之间一种互利互补、双方受益的双赢活动。

4. 宽容原则

宽容原则是指在人际交往中对于非原则性的问题、冲突、矛盾要有耐心，持包容忍让态度，用豁达、开阔的胸怀来容纳别人的缺点。每个大学生都是独特的个体，都有各自的性格、习惯、兴趣、爱好、优点和缺点，因此，不同的个体碰撞在一起，难免会产生一些不愉快的事情，甚至产生一些矛盾冲突，但若能经常换位思考，多站在对方的角度考虑问题，多体察别人的心境，就能对他人不同的观点、见解、行为方式及错误持宽容理解的态度，相互间产生的误会、委屈常常会烟消云散。宽容是良好人际关系的润滑剂，有利于人们在学习、生活和工作中保持融洽的人际关系，并赢得更多的朋友。

5. 信用原则

信用指一个人诚实、不相欺、守诺言，从而取得他人的信任，人如果不讲信用，那就不知道该怎样立身处世。守信就要做到说话算数，不轻许诺言，答应别人的事要尽量做到，做不到的要讲清楚，以赢得对方的理解。在人际交往中，与言而无信的人交往时，人们内心会充满焦虑和怀疑。言而无信的个性品质很难取信于人，不利于人际关系的建立和融洽；言而有信的个性品质会产生人际吸引和安全感，利于良好人际关系的建立、维系和发展。

大学校园内，许多大学生常常因为同学关系、师生关系、朋友关系等人际关系处理不当而引来很多烦恼，或者因为与职场人士的关系处理不当而失去一些工作的机会。了解大学生在人际交往中常见的问题和调适方法，有助于大学生不断完善自我，建立和维护良好的人际关系。

（二）认知障碍及其调适

人际交往中的认知因素包括对自己的认知、对他人的认知、对交往本身的认知。人际交往的认知偏差，会对交往过程中人的情绪、情感、行为产生不良的影响，从而导致人际关系不良。

1.猜疑心理及其调适

猜疑，是指人际交往中，对别人不信任，如猜测、揣度、疑惑、疑心，是由主观推测而产生的一种不信任的复杂情感体验，是人际交往的一大心理障碍，表现为对他人言行敏感，总以为别人看不起自己、议论自己。往往仅凭个人的主观臆想和偏见，或将无中生有的事强加于人，或将他人的好心解为恶意而产生敌意，容易造成人际冲突，破坏人际关系。

猜疑心理产生的主要原因是过分关心自己、常以自己的利益为中心、个性中缺乏自信，以及拥有错误的定式思维。猜疑者多半在人际交往中吃过亏或受过损害，于是凡事都先考虑别人是否会伤害自己。每个人都有多疑的时候，疑心是人在社会生活中的一种自我保护反应，但过于疑心和敏感则是不正常的表现。多疑心理长期持续下去可能导致心态扭曲，产生严重的心理问题，危害大学生个体的健康成长，对此应予重视并积极调适，调适主要可以从以下三方面着手：

（1）减少对人、对己的关注程度。多疑大多与对人、对己的关注过度有关，过分关注就会想得多，容易凭想象下结论。一旦发现自己开始怀疑别人时，应提醒自己减少对人、对己的关注，并将注意力转移到学习、工作或兴趣爱好上，努力学习，勤奋工作，积极参与各种有益的活动，使自己真正充实起来。

（2）从实际出发，用事实来说话。在实际生活中，大学生的思维较为活跃，遇到事情容易急躁，主观意识较浓。应加强自身修养，养成冷静、客观分析事实的习惯，不盲目臆断，不轻信他人的流言，应主动、及时与别人沟通，进行开诚布公的交谈，消除误会和隔阂。

（3）培养自信心。多疑大多是由于缺乏自信心引起的。每个人应当客观认识自己，看到自己的长处，接纳自己的不足，与人交往做到不卑不亢，既不取悦别人，以博得好评来满足虚荣心，也不需要在别人面前显示自己，炫耀自己，以提高身价。价值在于自身并不随别人的评价而有所改变。当个体充满信心地学习和生活时，就不会担心自己的行为会被别人取笑或受到别人的负面评价，而是能坦然接受。

2. 孤独心理及其调适

孤独是一种主观的心理感受，主要表现为沉默寡言，缺少知心朋友，在新的生活环境中难以适应；敏感多疑，不喜欢参加集体活动，在集体中找不到自己的位置；感情脆弱，自卑感强，抗挫折能力低，不善言辞，遇事容易冲动等。孤独也会导致交往障碍，如孤芳自赏、自命清高，结果是与人不合群，待人不随和。

孤独产生的原因很复杂，主要是源于个人的自我感觉和评价。要克服孤独的危害，可从以下方面着手：

（1）开放自我，积极主动与人交往。独自生活并不意味着与世隔绝，虽然客观上与外界交流困难，但依然可以通过某些方式达到交流的目的。如主动亲近别人，关心别人，发现、欣赏别人的优点，真诚待人；看到别人有困难时，主动伸出援助之手。助人和被助都是快乐的，如此可赢得友情，摆脱孤独。

（2）正确评价自己，克服自卑情绪。人的自我评价与孤独存在因果关系，由于自卑而逃避与他人交往，造成孤独状态，孤独使自卑感增强，造成恶性循环。这如同作茧自缚，不冲破自卑，就难以走出孤独。孤独者应该对自己进行一番冷静、客观、合理的分析，特别要找出自己的长处和特点，以增强自信。

（3）培养广泛的兴趣、爱好。一个人活着有所爱、有追求，就不会感到寂寞和孤独。为自己安排丰富多彩且有意义的业余文化生活，享受生活带来的乐趣。

（4）大胆交往，不怕挫折。善于在交往、挫折中总结经验，吸取教训，改进方法，增强交往能力。

3. 自卑心理及其调适

自卑心理是影响个体人际交往的重要因素。自卑是由于过低的自我评价而产生的消极情绪体验。浅层感受是别人看不起自己，而深层的理解是自己看不起自己，即缺乏自信。

在人际交往中，自卑心理的外在表现：一方面总认为自己样样不如别人，从而失去进取心和竞争意识，导致情绪消沉，精神萎靡，自怨自艾；另一方面，认为别人会看不起自己，行为上畏首畏尾，过于自尊、敏感，不轻易与人交往，逃避集体活动，用极强的自尊心掩盖极度的自卑，使个体的交际圈变小。长期的自卑情绪会严重影响大学生的身心健康，同时也对大学生的学习和工作造成不良影响。因此，存在自卑心理需要及时进行调适，主要可从以下两方面努力：

（1）正确认识自我，提高自我评价。自卑心理的形成主要来源于社交中不能正确认识自己和对待自己。要改变自己，必须改变原有的认识，正确地评价自己。挖掘自己的优势，敢于正视自己的不足，接纳不完美的自己与不完美的生活。辩证地看待自己的优点和不足，扬长补短，不断完善、提升自我。

（2）改变心态，积极与他人交往。一个人的接触面越广，越能促进其对自身的了解。通过与他人交往，能多方位地认识他人和自己，通过比较，正确认识自己，由此调整自我评价，提升自信心。同时，在积极交往的过程中，能够获得友谊和集体的温暖，体验到成功的喜悦，发现自己的优势和潜力，从而增强了信心，战胜自己的自卑心理。另外，自卑的同学在交往中一般都具有谦虚、善于体谅人、不与人争名夺利、做事小心谨慎、稳妥细致等优点，容易取得别人的信任。所以，自卑的同学要看到自己在交往中的长处，增强自信，为消除自卑奠定心理基础。

4. 自我中心及其调适

自我中心是指大学生考虑问题、处理事情时习惯以自我为中心，将自我作为思考问题的出发点和归宿，表现为凡事从自我出发，只关心自己，从不顾及他人的需要和感受。有些大学生喜欢以领袖的身份出现，颐指气使、盛气凌人，把自己的意志强加于人，因而不能赢得别人的好感和信任，造成人际关系紧张，自己做事很难得到别人的帮助，易遭挫折。要想改善人际关系，自我中心者可从以下四个方面进行调适：

（1）正确评价自己。摆正自己的位置，实事求是地评价自己，既不妄自菲薄，也不夜郎自大，既不自我贬损，也不自恋，既要看到自己的长处和优点，也要找到自己的缺点和不足。

（2）走出自我小天地。自我中心者必须学会将自己与他人、自我与社会、个人利益与集体利益统筹考虑，从狭隘的小天地走出来。自我是自己的中心，而不是别人的中心。人际交往是相互的，要学会从他人角度或社会角度去思考和处理问题。

（3）尊重自己，尊重别人。重视自己更应尊重别人，只有互相尊重、互谅互让、以诚相见，才能实现良好的人际交往。

（4）主动与人交往。人们在角色互动中才能互相理解，才能改变以自我为中心的倾向。缺少交往的生活经验是自我中心形成的根本原因。大学生要学会积极与人交往，只有在与人交往中，才能学会理解别人、尊重别人，才能体会到别人的存在、利益和感受，有效克服自我中心倾向。

四、大学生人际交往的改善

（一）改善交往过程

在人际交往过程中，有的人能如鱼得水，左右逢源，但有的人却屡屡碰壁受挫。掌握一定的人际交往艺术，可以帮助人们在交往活动中增进彼此的沟通和了解，缩短心理距离，建立和维护良好的人际关系。

1. 主动发起交往并赞美他人

多数人的交往愿望很强烈，但是能够主动发起交往活动的人却不多，很多人不是主动去接纳别人，而是在等待别人来接纳自己，因此而错过很多机会。许多交际成功的人往往是主动交往的人，而非被动地等别人来结交自己。要想得到更多朋友，就必须变得主动，如主动与人打招呼，主动地接纳别人，主动关心、帮助他人，主动化解人际冲突等。

渴望别人的赞扬和肯定是人的一种自然天性。当个体满足他人被欣赏的需要时，自身也同时能收获好的人缘。赞美他人既能带给别人快乐，也能带给自己快乐。

（1）赞美要真诚、适度。在与同学相处的过程中，运用恰当的机会给别人以赞美，被赞美者心里会很高兴和感激，赞美是一种激励别人又激励自己的人际协调技术。相处中因赞美而使大家自信、充满快乐，因赞美而化解了心中的积怨与矛盾，赞美使陌生人成为挚友，使朋友成为知己。不论关系的亲疏程度如何，适当的赞美都必不可少。需要注意的是，赞美不是夸大事实、胡吹乱侃，一定要真诚、适度。如果不分时间、地点、场合，随意地赞美别人，或夸奖的内容是对方所不具备的，会令人感觉言不由衷、不真诚，反而会影响彼此之间的交往。

（2）赞扬他人身上并非显而易见的特点、优点。赞美最好是在意料之外，又在情理之中。如果能设法赞美他本人都未意识到的优点，这份独特的重视就足以打动他。当然，一定要在情理之中。只要用心感受，留意寻找，就会发现每个人身上都有其特点和优点。

2. 善用批评的方式

对朋友在得意忘形时的劝告，同对他在悲痛失望时的鼓励一样可贵。尽管人们都不喜欢受到批评和指责，但批评又是一剂帮助成长的良药。要使批评有效，必须注意以下四个方面：

（1）注意场合。尽量在只有双方在场的情况下进行。而当着他人批评别人，对方很可能首先意识到自己的形象和自尊受损，而意识不到自己所犯的错误，使得批评只会增加对方的反感和抵触情绪。

（2）对事不对人。不要将事情和对方的人格、能力牵扯到一起。因为人格、能力比具体事情更重要。在肯定对方人品、能力的前提下以提出希望的形式间接让对方知道应该改进的缺点。

（3）不翻旧账，理性批评。在批评别人的时候，有的人爱翻旧账，令人无法心平气和地接受。理性批评应该针对现在、此情此景、就事论事，公正合理地提出他的好和不好，方能让被批评的人接受。

（4）批评他人前，先反思自己。人们往往容易原谅自己的缺点，而对他人苛刻。因此，不妨反思对别人不满之处，不要试图去改变他人，先改变自己，自己先做好，可促使对方意识到自己的问题所在而自我改进。在人际交往中，总体上应该是多赞扬、少批评。批评要有建设性，最好能以讨论问题的方式展开，这样既能解决问题，又对双方的发展有利。

3.适当地对待分歧

互相讨论对于思想交流十分有益，但讨论与争论具有本质上的差异。争论的重点在"输赢"，双方都力图改变对方的观点，证明自己是对的而对方是错的；而讨论的重点在交流，双方的目的是通过思想碰撞找到更加合理有效的方法，实现双赢。当自己的观点与他人出现分歧时，人们可以用以下原则为指导解决分歧、增进沟通：

（1）平和对待分歧。人们要以平和的心态看待不同的观点，因为不同观点的出现很可能是使自己避免错误、更加完善的好机会。因此，对于别人提出的合理观点应吸收为自身所用，并对别人表示感谢，要抱着"有则改之，无则加勉"的态度对待分歧。

（2）不要急于辩护。人们遇到分歧时，第一反应通常是为自己辩护，但是，情急之下的辩护一般是强辩，并且辩护过后难以改变立场。这样不仅会破坏关系，还使自己丧失受益的好机会。因此，遇到分歧时，人们要保持冷静，不要被急躁情绪操控，不要急于做出第一反应。

（3）控制愤怒情绪。愤怒会阻碍思想交流。而愤怒具有短暂的特点，只要稍加安抚，等愤怒过后再交流，矛盾则容易得到完满解决。因此，当听到自己不能接受的想法时，人们不如选择沉默，先倾听，也给予对方平和讨论的暗示，这样有利于削弱自身和对方的愤怒情绪。

（4）先听对方意见。在交流中，人们要给对方发表意见的机会，不要打断对方，不要急于表达自己的不同意见，否则只会给思想交流造成障碍。

（5）寻找共同之处。在对方发表完看法之后，人们先要从中找到共同点，这样能在双方之间建立友好的关系，为后续交流并解决问题奠定坚实的基础。总之，人们在原则问题上要坚持自己的立场，但在细节上要做到灵活处理。

（6）勇于承认错误。如果在双方交流中发现自己的观点错误，那么便大方地向对方承认。这样做能够营造出良好的交流氛围，使双方不会站在对立面上，而是可以共同找到对双方都有利的解决办法。有错就承认是大智慧，但不可强求别人认错。

（7）反复研究观点。人们对对方的观点要认真聆听、仔细思考，不要一开始抱着否定的态度。经过反复思考后，如果对方是对的，便积极吸收；如果是错的，不理会即可。

（8）暂缓行动时间。出现不同意见时，人们应该给自己和对方充分的考虑时间，在进行二次讨论后再做决定，以便将问题处理得全面而合理。

4.学会交谈与换位思考

交谈是沟通信息与情感的主要方式。在交谈过程中，只有双方的兴趣和关注焦点汇聚在一起时，交谈才成为双方同等积极加入的过程，才能真正起到有效沟通信息和增进友情的作用。所以谈话内容不是只集中在自己的需要，而是符合别人的兴趣，鼓励对方谈论自己，而且要避免过早、过多地评论。

语言交谈不仅要谈，而且要学会听。倾听不仅是一种技巧，更体现一种个人修养，表现出一个人的综合素质。交流时需要耐心地倾听，一边听，一边细细品味，感受对方的情绪和心理变化，同时要做出适当的反应，集中精神，表情自然，经常与对方交流目光，适当地点头，或是用微笑来表示很乐意倾听，真诚地与对方进行情感交流，这样，别人才会更有兴致继续说下去。如果需要表达自己的见解，应该在对方谈话中有所停顿的时候礼貌地插话；如有疑问，也可以提出一些富有启发性的问题，如此一来，对方会感到他的话很受重视而乐意交谈下去。善于倾听的人，是善于沟通并赢得人心的人。

换位思考对沟通起着非常重要的作用。经常站在对方的角度去理解和处理问题，一切就会变得简单多了。一般而言，善于交往的人，往往善于发现他人的价值，懂得尊重他人，愿意信任他人，对人宽容，能容忍他人有不同的观点和行为，不斤斤计较他人的过失，在可能的范围内帮助他人而不是指责他人。

在大学生活中，人际关系的新特点还表现在不能仅以自己的标准要求别人，还应认识到自己的行为和生活方式也可能是别人所不能接受和喜欢的。因而，在彼此间发生冲突或不协调时，要逐渐学会设身处地为别人着想，做到相互谅解和彼此适应。大学生只要勇于在社交中锻炼，将人际交往艺术运用于实践中，个人交际能力就能不断得到提高，从而建立友好的人际关系，在人与人和睦的相处中获得更多的快乐。

（二）改善自身

人类具有与他人进行沟通的愿望与潜能。沟通体现在两个个体之间的交流上，包括言语形式和非言语形式，目的是为了使沟通的双方实现彼此理解。人与人之间的沟通是一门学问，沟通的知识与技巧十分值得研究与学习。

1.第一印象

第一印象是知觉主体与陌生人在第一次接触后所得的印象，它像人的门面一样，对人们形成总体印象具有很大影响，并且它也会成为人们决定是否会继续交往的重要依据，这也是人们常说的"先入为主"。如果给别人留下了不好的第一印象，那么想在之后的交往中挽回会有一定困难。因此，在与别人初次接触时，应注重第一印象的形成，多争取印象分。尤其是当人来到一个全新的环境中，树立良好的第一印象能有效消除陌生带来的紧张感，帮助个体与他人实现有效交往。

给他人留下好印象，可以从四个方面入手：

（1）发挥长处。每个人都有自己的优势和劣势，如果能充分展现出自己的优势所在，便会更容易获得别人合作的意愿。因此，与人交往要充满自信，大胆地发挥出自己的长处。

（2）适应场合。与人交往的环境并不是一成不变的，因此人们也应该针对不同场合改变自己的表现，以避免出现一成不变或不得体的状态。需要注意的是，变化要自然、不做作，人们要在言行一致的前提下，因时因地展现出不同的自己。

（3）放松心情。放松是与人交往中十分重要的环节，既要让自己放松下来，也要使交流对象感到轻松。和谐的沟通通常出现在轻松的氛围之中，因此，与人交往要由内而外放松自己，不要过于紧张和严肃，尽量使用轻松幽默的语调，避免苦闷生硬的交流。

（4）使用眼神。眼神交流是人与人之间沟通的重要组成部分。人们进行一对一交流时，眼睛可以望着对方，使自己看起来真诚而且对对方充满尊重；面对众多对象时，则可以自然地环顾四周，眼神落到每一个人身上，让自己看起来友善而从容。

2. 表露自我

人们可以从亲密关系中获得美好的感受。这是因为在这样的关系中，信任占据了人的内心，人们可以没有顾虑地展现自己、表达自己，不需要承受担心失去友情或爱情的焦虑感。这种特点在心理学上被归结为自我表露，自我表露会随着相互关系的深入和发展而增加，同时越来越多的自我表露又能促进双方彼此了解，这种循环会到一个适当的水平为止。

大多数人都喜欢能够彼此表露和倾听表露的亲密关系。一方面人们对于自己的表露能被倾听和接受而感到开心；另一方面也会因为被选为表露对象的信任感而高兴。人们喜欢能够敞开胸怀的人，也愿意向喜欢的人敞开胸怀，并通过自我表露加深对他们的喜爱。在生活中，如果人们自我表露的机会不多，始终未能发展这种亲密关系，则会在内心产生深深的孤独感。

当人们受到挫折或感受到沮丧、生气、焦虑等负面情绪时，通常会进行更多的自我表露；对于生活中那些期待与之有更多交往的人，人们也会进行更多的自我表露。关于人们的自我表露，存在一种互惠效应：一个人的自我表露会引发对方的自我表露。

自我表露可以使人们卸去伪装，表现出真实的自我；对他人敞开心扉，并充分享受他人的自我表露带来的信任感；可以使人与人之间的交往更加顺畅、愉悦。

3.善于微笑和倾听

使别人欢迎并喜欢自己最好的方法就是常常微笑。人际交往是一个互动的过程，情绪是可以"传染"的。与人交流的时候，如果面带微笑，对方也会不自觉地被感染，而回馈同样的微笑。这样，双方的心情都会变得愉悦起来，事情也就容易谈成。相反，当愁云满面地对着他人，他人也会因为看到一张忧郁的脸而变得紧张、压抑。微笑同生活中的阳光、空气、水分一样重要。同时，微笑还是一种特殊的语言——"情绪语言"，它可以和有声语言及行动相配合，起到"互补"作用，给人以美好的享受。

对人微笑是一种有礼貌的表现，它显示出一种力量、涵养和暗示。笑容是一种希望，喜欢微笑的人具有一种温暖的力量。微笑可以感染郁郁寡欢、愁云密布的人，使他们拨云见日；微笑可以温暖身心俱疲、压力重重的人，使他们重获希望；微笑可以向周围需要帮助的人传递光明与快乐，也可以使自己成为一个受欢迎的人。因此，人们要学会微笑，无论是在工作中还是在生活中，无论是在顺境中还是在逆境中，都应该保持发自内心的微笑。

使别人欢迎并喜欢自己的另一个方法是善于倾听。在一般认知中，人们会认为能说会道、八面玲珑的人才是善于交际、更受欢迎的人。其实不然，真正为人们所喜爱的是善于聆听的人，真正为人们所接受的是表露与聆听的交际方式。善于聆听，是一个成熟的人所应具备的基本素质。

4. 学会感同身受

人们通常会更加喜欢那些喜欢自己的人。这是因为，当谈话者感觉到来自倾听者的兴趣与理解，特别是无论他说的内容多么荒诞和离奇，倾听者仍然表现出这种理解和关注时，谈话者会产生强烈的心理安全感，能够更加放松、坦率地表露自己。长此以往，谈话者的态度会使倾听者以同样的方式对待自己。由此可见，以诚恳和接受的态度与别人交流，也能够促进对方自由自在地表达，这即是"同感"。同感可以营造良好的交流氛围，使双方能够无拘无束地探索自我、表达自我，加强彼此的沟通，增进彼此的感情。

对感同身受的理解可以从以下两个方面进行阐述：

（1）非言语行为。人类具有广泛的非言语行为，如姿态、表情、语气、目光等，这些都在人与人的交流过程中发挥着巨大作用。当言语及身体词汇表达信息不一致时，首要原因通常为表情，其次是音调，最后才是言语本身。因此，善于交流的人通常具有多方面沟通的能力，他们不会局限于言语，而是会通过表情、姿态、目光、语调等非言语行为来表达对对方的理解与关注。同时，善于交流的人也能够敏感地捕捉到对方传递出的非言语行为，并有效解读出其中传递的信息，理解其中传递出的情绪。

（2）言语交流。言语交流是人与人之间交流的主要方式，感同身受的理解最关键的是要理解谈话者的言语中的信息与情感。与别人进行言语交流有一些技巧，例如通过重复别人的话语表达自身注意力的集中；通过鼓励别人进一步表达自己对谈话的兴趣；适时说一些支持的言语，恰当地运用沉默；对对方所表达的内容进行反馈等。其中最为关键的是不能站在自己的角度上对对方进行指责或批评，而应该通过想象，在自己和他人的体验间建立一种联系。充分理解对方的情感体验后，则能够更多地去喜欢、接受对方，更加愿意帮助对方，这可以使彼此的感情产生一种相互作用：当一个人理智、充分地理解对方的情绪时，便可以预判他人的行为，并做出恰当的反应。这对于人际沟通而言具有十分重要的意义。

第三节　大学生情绪管理能力发展

情绪是一种复杂的心理活动，是个体重要的心理活动，是人类深刻的内心体验与感受。正确了解情绪的产生机制有助于个体理性觉察、适应并控制情绪。

一、情绪

（一）情绪的定义

情绪是个体对客观事物是否满足自身需求的一种主观态度体验，是人脑对外界客观事物与主体需求之间关系的反应。情绪是复杂的心理活动，它的产生具有一定的目的性，表达具有一定的社会性，它是个体的一种主观感受和意识体验，伴随一定客观的生理反应，通过一定的行为来表达。

在日常生活中，个体与各类客观事物发生联结，并对它们产生不同的态度体验。例如，当失去亲友时，人们会体验到痛苦；当面临危险时，人们会体验到恐惧；当遇到许久未见的老朋友时，人们会体验到快乐；当看到比较肮脏或者恶心的场景时，人们体验到厌恶；等等。

在不同的情绪状态下，个体会出现不同的生理反应，主要表现在心率、血压、呼吸甚至内分泌、消化系统等方面。比如在体验恐惧的时候，人们会出现身体发抖、心跳过快或过慢、血压升高、瞳孔放大等反应；在体验焦虑的时候，人们会感受到心跳加速、出汗、呼吸急促等反应。

情绪主要通过个体的外显行为来表达，这些外显行为就是表情，表情主要包括面部表情、肢体动作、语言表情。比如在体验焦虑时，人们犹如热锅上的蚂蚁一般坐立不安；在体验惊讶时，人们脸部会短暂地呈现出眉毛上提、眼睛瞪大、嘴巴不自觉张开等反应，有时会用手遮住自己的嘴巴等；在体验兴奋时，人们的语速往往会加快，语调高昂，手舞足蹈等。

（二）情绪和情感的差异

情绪与情感两个概念极易混淆，情绪和情感都是感情性的体验和感受，情绪一般不稳定、波动性大，而情感则比较稳定持久，甚至可能伴随和影响人的一生。情感主要是指具有深沉体验，包含社会含义的情感性心理活动，稳定而持久；情绪是感情性反应的过程，短暂而强烈。

二、大学生情绪特点

大学生的情绪发展有其自身的特点，由于大学生处于青春期到成年期的过渡期，极富有激情。此外，大学生面临生活适应、专业学习、交友恋爱、择业求职等重大生活事件的挑战，容易与外界产生各类矛盾和冲突，在这样的基调之下，大学生的情绪具有内心体验丰富复杂、波动性大、不稳定、强烈不易外露、阶段性明显等特点。

（一）情绪体验丰富而复杂

随着大学生自我意识的不断发展，大学生的自我尊重需要愈发强烈，对外界的需求也在不断增加，会对外界客观事物表现出较多的自我体验。在大学校园里，大学生的成长任务加剧，许多重大生活事件，如人生规划、择业就业、交友恋爱等逐渐向大学生走近，大学生对人性、人生、社会的思考程度急剧加深，认识也趋于立体化，社会化程度不断提高，个人对事物的情绪体验会比以往更加丰富和复杂。比如，学生通过各种渠道了解社会，学习社会的道德规范，对自己的身份、角色、志向、价值观等有了深入的思考，道德感、荣誉感、美感等社会性情绪不断发展；大学生的交际范围扩大，在与同学、朋友和老师之间的交往中，人际交往的内容和目的也趋多元化，在人际交往中的情绪体验也更为复杂；多数学生离家较远，逐渐出现了思念故乡、思念家人的情绪，部分学生进入一段恋爱关系，在对父母和恋人的情绪表达上，变得更为细腻和深刻。

（二）情绪体验不稳定

大学生情绪体验不稳定主要表现为情绪体验的波动性较大且存在两极性，容易从一个极端转变到另一个极端。大学生由于对外界事物的认识还处于发展阶段，对事物缺乏客观和全面的认识，人生观、价值观、自我认识等还在逐步树立和完善的过程中，对自我缺乏确定、完整的理解和把握，容易被外在环境影响，经常出现自我否定、自我矛盾的现象。因此，大学生情绪易受外界感染，情绪容易被唤醒，也容易平息。比如，一首感人的音乐、一支动人的舞蹈、一次朋友间的倾诉等都会使得大学生的情绪骤然发生变化。

（三）情绪体验强烈而表现内隐

大学生阶段是最有激情的阶段，大学生对外部刺激反应迅速、敏感，情绪体验快而强烈，喜怒哀乐常常一触即发且体验强烈。大学生由于对外界认知不足，缺乏社会阅历，看待问题和评价事物时，缺乏客观全面的依据，对事物或他人的评价往往具有极强的主观色彩，容易偏执。此外，大学生年轻气盛，对不符合自己行为准则、信念、观点和理想的事件，容易迅速出现否定情绪，对符合自己原则、观念的人和事容易激发强烈的肯定情绪，常常出现激情状态，极易引发冲动行为。虽然大学生在意他人评价，对自己和他人的行为容易产生强烈的内心体验，但随着自我意识的发展和知识水平的提升，大学生的情绪外部表现和内心强烈的情绪体验并不总是一致的，在情绪表达上相对隐晦。比如在人际交往中，对一个人有很强烈的不满情绪，但仍可能会表现出较好或不在意的态度，往往会在某种特定时机下爆发或者通过其他方式发泄自己心中的不满。

（四）情绪特点阶段性明显

大学生从一年级到四年级的发展任务差异较大，面临的问题不同，因此，大学生在各年级的情绪体验上有明显的阶段性。新生刚入校体验到更多的是新奇和迷茫的情绪；大二、大三的学生已经适应大学生活，情绪相对稳定；大四学生开始面临毕业和就业，更多地体验到压力和抉择的矛盾感。一般而言，随着年级的增长，知识水平和修养的提升，大学生对自我情绪的认识愈加透彻，情绪控制能力增强，大学生的情绪稳定性增加，波动性减少，社会性情感日益丰富，更多地表现出关心他人的情感。

三、大学生的情绪管理

"大学生处于青年成长的高峰期，情绪具有其特殊性。懂得管理自己的情绪，保持积极、健康的情绪，对于大学生的顺利成才具有十分重要的意义。"❶情绪健康是大学生心理健康的一项重要指标，情绪异常往往是心理异常的信号。大学生处于一个富有激情的阶段，容易与外界产生冲突和摩擦，比较容易出现情绪困扰。因此，大学生在学习专业知识的同时，需要了解自身的情绪特点，提高自身觉察、适应、控制情绪的能力，学会情绪管理。情绪管理是指对情绪进行调节和控制的过程，不仅是对强烈感受和过高生理唤醒的情绪进行抑制，也是对较低情绪的维持和增强的过程，从而保证个体能在大部分时间内保持良好的心境。

（一）认识情绪

情绪的变化会受外部环境和个人特质的影响，管理自己的情绪，首先需要学会认识自己的情绪，掌握自身情绪发展的特点，从而有目的地寻找具体的情绪控制与调节的办法。

首先，大学生正在逐步完成从学生到社会人的角色转变，走向成熟和独立的人生阶段。在这个转变的过程中，大学生将会面临各种各样的发展任务，在这些压力和挑战面前，由于自身未完全发育成熟的心理和知识、经验和阅历的有限，非常容易出现各类情绪困扰。大学生应以健康的心态接受这个事实，正视各类情绪困扰，并发挥自己的主观能动性，努力控制自己的情绪。

其次，大学生应掌握一些科学知识，分析自身情绪产生的原因，有针对性地寻找调节情绪的方法。美国心理学家埃利斯（Albert·Ellis）认为情绪并非是由外界刺激引起，而是由个人对外界刺激的看法引起，当个体自身的认知中存在一些不合理的信念时，就会产生一些不良情绪。大学生可以审视一下自己是否存在一些不合理的信念，检测自己的情绪是否合理，从而有针对

---

❶ 唐荣.论大学生的情绪管理 [J].徐州教育学院学报，2008，23（2）：58.

性地进行调整。

（二）合理地表达和调节情绪

在情绪管理过程中，抽烟、酗酒等方式排遣忧愁是不健康的，迁怒于陌生人或身边与造成自己负面情绪无关的人也是不可取的，自我安慰和一味地忍让并不是最好的处理方法，大学生应学会积极、健康、恰当地表达和调节自己的情绪，正确表达和释放自己的情绪。

1.合理地宣泄情绪

情绪宣泄是释放心理能量的过程，是达到心理平衡的重要方式。因为当某种情绪过度积累时，无论它是正性情绪还是负性情绪，都容易对身体产生危害，过喜过怒、过度忧郁、过度恐惧、过度焦虑等都会引发生理或心理的疾病。大学生在日常生活中要学会合理地宣泄情绪，寻找一个正常的宣泄通道，比如找朋友、家人或者老师进行倾诉，写日记、唱歌、呐喊、慢跑、快走、跳舞等，避免因为情绪过度而引发过激行为。在宣泄情绪时，要避免过度抱怨、攻击他人、伤害自己、破坏公物等不良行为。

2.合理地转移情绪

当觉察到自己的某些情绪影响到当下的生活或者正在进行的任务时，一味地回避和压抑自己的情绪比较难，因为能引起不良情绪的刺激大多与自身利益相关，置之不理很难做到，这时候可以通过转移话题或者任务来分散自己对不良情绪的注意力，防止不良情绪的增强和蔓延。同时，可以通过新的话题和任务来激发自己的积极情绪体验。比如可以暂时离开引发情绪的场所，到户外呼吸新鲜空气、散散步，平复一下内心，感受外界的美好。

3.合理地升华情绪

升华情绪是指通过合理的方式方法把内心压抑的情绪转变为人们接受、社会赞许的行为。每一种情绪都有其存在的合理性和价值，消极情绪也是。

大学生应学会在消极的情绪中把握自己的不足，敢于面对现实、承认现实、接受现实，寻找产生消极情绪的原因，将消极情绪升华为自我完善和超越的动力。比如，某些嫉妒、自卑是源于别人比自己优秀，那么可以从这些负性情绪里寻找自我前进的动力，不断地完善自我。

4. 合理地放松情绪

在面对极度的愤怒、焦虑、紧张、恐惧等情绪时，大学生要学会通过放松来释放心理能量，比如通过自我暗示、倾听音乐、呼吸放松、想象放松、肌肉放松等小技能来舒缓自身的情绪，达到内心的平衡。

第四节　大学生网络心理与生命价值导向

随着科学技术的高速发展，网络已经得到普及与广泛应用，它与人们的生活日益紧密结合，这在当今大学生身上得到了充分展现。在这信息繁杂的网络时代，大学生不仅要具备搜索、收集信息的能力，更应该具备分辨信息价值的能力，学会正确使用网络，发挥其积极的作用。

一、大学生网络心理

（一）大学生网络心理的自我调节

1. 加强对马克思主义基本原理的学习

大学生要坚定理想信念，树立正确的奋斗目标，从而树立正确的世界观、人生观和价值观，学会分析问题和解决问题的科学方法，明辨真假，分清是非，增强抵御网络环境负面影响的能力。

2. 树立正确的网络认识

大学生要对自己的行为负责。防止大学生沉迷网络，大学生自身是关键。上网要有目的性和时间性，切忌盲目性和随意性。从网上汲取知识是大学生活的重要组成部分，是适应现代社会进步和发展的必然要求，但关键是要根据学习的要求和生活规律合理地安排上网的时间，养成有计划、有目的地上网的习惯。当代大学生要有高尚的情趣，以学业为主。上网的目的应该是更好地学习科学文化知识，而不是把上网作为逃避现实生活问题或消极情绪的工具。大学生的课余活动应以能提高自身身体和心理素质为方向。网络是新生事物，大学生应该在教师的指引下探索网络知识。理想是青年的脊梁，但对理想的追求是具体体现在日常活动中，而不是体现在网络这个虚拟世界中。大学生应该将个人奋斗与社会的发展相结合，并具体落实到学习和生活中去。大学生只有树立了正确的网络认识，才能正确地使用网络，通过网络获取自己需要的资源，准确地把握自我，规划属于自己的未来。

3. 加强自身的心理品质和控制力培养

对于个人而言，只有自律才能既充分体现其自尊、自主和自由，又能充分培养其自我控制力，养成良好的慎独习惯。在如今这个网络社会里，由于信息含量巨大，各种文化与价值理念交织纷纭，各种诱惑比比皆是。网络社会又是一个充满自由的多彩世界，大学生会因为认知偏差或侥幸心理而产生心理困惑与矛盾。在缺乏较强他律的网络虚拟社会，自律就显得尤为重要了。大学生只有充分认识到这一点，才能更理性地对待生活中的一切困难，而不是任性地放纵自己，要以道德化的网络正常运作取代肆意践踏网络资源的行为，做一个有着良好的心理品质和自我控制力的优秀大学生。

4. 积极参加社会活动，逐步摆脱对网络的依赖

大学生自由支配的时间很多，大部分大学生室内活动较多，户外活动较少，模拟体验较多，而生活体验较少。大学阶段是人际交往能力和人际

关系形成的重要时期。网络交往由于与传统的具有亲和力的面对面交往大不相同，所以往往难以形成真实、可信和安全的关系。网络具有跨越时空的特性，虽然实现了形式上的"天涯若比邻"，但是同时会出现"相见不相识"的情况。因此，大学生在热衷网络交友的同时，要提醒自己不要忽略与现实世界朋友相处的时间，学会区分虚拟社会与现实社会的不同，丢掉幻想，积极地投入学习生活中去。要勇敢地面对现实世界，积极参加各种丰富多彩的课余活动，积极参加增强人际关系沟通技巧的课程或活动，使自己能够提高沟通能力，并增进人际沟通方面的自信，多方面拓展自身的人际关系圈，形成健康的人际关系。要学会在现实中寻找意义和支持，重新调整自己，保持网上和现实的平衡，充分体会现实世界的意义，多开展实际活动，在活动中陶冶情操并从中得到支持。

5. 主动寻求心理咨询机构的帮助

很多有网络成瘾倾向的大学生，觉得自己心理负荷太大，容易敏感、退缩和逃避，往往不愿意主动寻求他人或心理咨询机构的帮助。因此，网络成瘾的大学生大多数是被教师和身边的同学发现后，建议其到心理辅导中心接受咨询的。当然，有网络成瘾倾向的大学生取得心理咨询机构的帮助，将是克服网络成瘾的有效途径。因为心理咨询人员会根据他们的成瘾程度，从专业角度有针对性地采取必要的心理咨询和治疗措施。例如，对求助者开展认知行为训练，或者采用现实疗法等一系列方式，使求助者面对现实，从而学会逐步解决自身的困扰。心理咨询和辅导是他们恢复身心健康的非常有效的途径。因此，有网络成瘾倾向的大学生不要选择逃避，要勇敢、积极、主动地面对自己的问题，做自己的主人。

当然，除了大学生本人之外，家庭、学校、社会也应该加大力量，为大学生创造良好的信息网络环境，使信息网络环境真正成为大学生自我学习、自我提高、互相促进、共同进步的阵地。因为这不仅直接影响到大学生网民群体的网络意识和网络行为，而且对建设积极、健康的网络文化，促进信息网络的快速健康发展，在全社会形成良好的网络氛围具有重大的意义。

（二）构设和谐的大学生家庭教育

家庭是孩子的第一所学校，父母是孩子的第一任老师。家庭教育是影响大学生网络心理的一个重要因素。家庭教育是一切教育的基础，其不仅是学校教育的基础，更是学校教育的补充，但我们的教育往往重视学校教育而忽视家庭教育。大学生的网络心理教育应该重视家庭教育，使其成为学校教育和社会教育的延伸和有益补充。

1. 创造情感丰富的家庭环境

父母对子女的影响是毕生的，父母对子女不仅要有物质上的供给，更重要的是精神上的引领及情感上的支持，而不是由于家庭不和谐等给子女带来一定心理上的压力。学生进入大学，突然离开家庭娇宠的环境，情感上与父母一时难以割舍，所以，父母要充分利用和孩子接触及在一起的时间去了解孩子真正的需要，尊重他们的个人选择。采取民主的管理方式，做到理解而不溺爱、民主而不放任、疏导而不压制，争取和孩子做朋友，和孩子谈心，给孩子树立一个乐观、积极的形象。

2. 建立家校互动机制

家庭教育是基础，学校教育是重点，因此，在对孩子的教育上，要加强家庭和学校的沟通。此时，学校就可以利用自己的网站与家长沟通。学校理应让家长了解学校的发展变化，参与学校的建设，把大学生在校的思想、学习、生活等情况告知家人；家庭也应把孩子在家的表现、动向及时向学校反馈。这样可以帮助学校和家庭更加充分地了解和把握大学生的思想动态，从而有针对性地调整教育的内容、方法和手段。

结合以上做法，学校应该建立一种有效的互动机制。结合学校教育的计划性、系统性等特点，家庭教育的亲切性和自由性的特点，使两者有效互动，丰富教育的内容和形式。

3. 提升大学生的实践能力

家庭教育最基本的内容不是教孩子掌握多少知识，而是教会孩子怎样与他人建立联系，处理生活中遇到的一些难题。家长要根据大学生的个性特点、生活习惯和兴趣爱好，创造条件，大胆地让大学生在生活中实践、锻炼，让他们独立面对困难、面对挫折，使他们能正确处理好人际关系，培养强烈的自主精神，养成良好的道德品质。可以结合各种主题教育活动，让大学生以家庭名义参与文明家庭、文明街道、文明卫生社区及社会主义新农村建设等活动，利用所学知识，积极倡导健康、文明的生活方式，带头营造积极向上的人文氛围，提高自身的适应能力、号召能力、组织能力和社会活动能力。

（三）增强高校教育环境的调试

学校教育在学生心理健康教育上充当了重要的角色。学校应从课程设置、师资队伍、校园文化环境等各个方面，有针对性地开展心理健康教育。

（1）建立一支素质较高的网络心理健康教育队伍，是提高网络心理健康教育实效性的人员保证。网络心理健康教育队伍应该熟悉和掌握大学生心理健康的现状和发展规律，要有较高的心理健康教育理论水平，还要能够跟踪和了解网络发展的现状，熟练地运用各种信息网络技术，这样才能够保证网络心理健康教育工作有效地开展。因此，培养一支既具有较高的心理健康教育理论水平，了解和掌握大学生心理健康的现状和发展规律，又能有效地掌握网络技术，熟悉网络文化特点，能够在网络上进行心理健康教育的队伍，是加强大学生网络心理健康教育实效性的人员保证。

（2）高校的一些职能部门参与网络心理健康教育管理工作，成立网络心理健康教育小组，是提高网络心理健康教育实效性的有效保证。高校开展网络心理健康教育，要增加一些投入网络心理健康教育管理的职能部门，成立网络心理健康教育管理和领导小组，加强对网络心理健康教育工作的开展。同时，需要配备专职工作人员协助进行教育，建立相应的管理制度。另外，要加大经费和设备投入，开设网上党校、网上团校、心理咨询、学生生活服务、校务公开征询等网上栏目，努力提高新形势下高校心理健康教育工作的实效性。

（3）建立、健全校园信息网，正确引导青年大学生获取网上资源的需求。建立一些比较完善的站点，多安装一些最新软件给大学生下载使用。将学校的宣传内容制成网页，这样既可提高大学生浏览的兴趣，也达到了宣传的效果。另外，还要定期推荐一批好网站，以此指导大学生正确上网。同时，增加专业信息资源，可以在校园网中多设一些权威性的专业学术站点，设立一些有实在内容的专业学术主页，这样更有利于大学生学习专业知识。将网络有机地应用于教学过程中，在加快教学软件开发的同时，加强其在教学中的应用，尝试用网络教学代替部分课程，改善原来的教学方式。学校要调动教师利用网络教学的积极性，在教师中普及网络教学的基本知识，使他们在网上提供更多有用的信息。例如，将教学讲义发布在网络上，利用网络加强大学生与教师的联系，这样既可以加强师生的情感交流，又可以提高大学生的学习兴趣，一举两得。

在校园网上开辟教师网页，让教师走进网络去了解大学生，师生之间可通过邮件等方式促进沟通；也可以通过网络收作业进行学术思想交流；还可以将网络应用于学校管理。

（4）重视网络技术发展的新变化。在信息时代，网络技术是网络心理健康教育最基本的实现基础和运行机制。网络技术的发展和普及，也为加强和改进大学生网络心理健康教育工作带来了新的挑战。所以，高校心理健康教育工作人员应主动加强有关网络知识和技能的学习，开展形式多样、生动活泼的心理健康教育活动。在此基础上，心理健康教育工作者要善于利用新技术为大学生网络心理健康教育服务，包括各种信息软件，如博客、微博、微信等，使每一个心理健康教育工作者都具备在网上建设教育基地的能力。网络技术是一个不断发展的技术群，各种显性、隐性的网络心理健康教育活动都依托这个技术群而发生、开展。不同的技术手段及其蕴含的理念对大学生的影响各不相同，因此，必须加强对网络技术理念的深入研究，立足于大学生成长、成才的需求，为大学生网络心理健康教育提供技术保障。

二、大学生心理危机

心理危机是当个体面临突然或重大生活逆遇（如亲人死亡、婚姻破裂或天灾人祸等）时所出现的心理失衡状态。心理危机一般发生在个体遭遇无法避免的、强度较大的应激性事件，动用所具备的应付手段失败时，存在明显的急性情绪、认知及行为上的功能紊乱，个体处于一种心理失衡的危机状态。心理危机的持续时间一般较为短暂，经过重新认识和调整，大多数处于危机情况下的人可以建立新的平衡，渡过危机。

（一）大学生心理危机的分类

（1）发展性危机。发展性危机是个人在正常成长和发展的过程中，对急剧的变化所产生的异常反应，如升学危机、情感危机、性心理危机等。这些危机是大学生生命中必要的和重要的转折点，每一次发展性危机的成功解决都是大学生走向成熟和自我完善的阶梯。

（2）境遇性危机。境遇性危机是指当出现罕见或超常事件，且个人无法控制和预测时出现的危机，如交通意外、失业、突然的疾病和死亡、人质事件、突然的绝症或死亡、特大自然灾害等。境遇性危机是随机的、突然的、震撼性的、强烈的和灾难性的。

（3）存在性危机。存在性危机是指伴随重要的人生问题，如关于人生目的、责任、独立性、自由和承诺等出现的内部冲突和焦虑。例如，一个沉溺于网络的大学生，自己也知道这样浪费时间是不对的，但却无力自拔，由此产生深深的焦虑和自责。

（二）大学生心理危机的体现

（1）情绪反应。大学生在心理危机状态下，会有特定的情绪反应，主要表现为焦虑、恐惧、抑郁、愤怒等。

（2）认知反应。当个体处于危机状态时，认知反应会发生两极变化。有的个体会进行积极思维，运用理性情绪调节自我，达到自我成长。而有的个体会关注负面影响，以至于思维狭窄而形成管状思维。

（3）心理行为反应。心理行为反应是大学生在危机中为减轻和排解痛苦而采取的个体防御机制，大致可分为三种：一是积极的行为表现，包括坚持、升华等，这些反应有助于恢复个体心理平衡，做出合理的判断和决策，尽快走出危机。二是消极的行为表现，主要有否认、攻击、逃跑、放纵、退缩等，这些反应只能暂时缓解内心的冲突和紧张，但不利于问题的解决，甚至会给身心健康留下隐患。三是中性的行为表现，包括转移、反向、压抑、倒退、合理化、投射等。个体会产生何种类型的心理行为反应，取决于个体的个性特征、适应能力和以往生活经历等方面。

（4）生理反应。危机中的生理反应通常涉及全身各个系统和器官，主要通过神经系统、内分泌系统及免疫系统进行调节。个体在心理危机状态下，其神经系统、内分泌系统以及免疫系统的功能和活动会出现明显的变化。

在日常生活中，具有某些个性特征的人容易对外界刺激产生反应，并且反应强度大于其他人，这就是个体心理素质的作用。个体经历、价值观、认知水平，包括智力发育水平，受教育程度及是否有足够的应对技能等也决定了个体对应激事件采取的应激反应。

三、大学生生命教育与危机干预

（一）大学生的生命教育

1. 生命的意义与存在价值

（1）生命的意义。"生命"是一个直观而又神圣的字眼。对生命一词可以解释为：将动物和植物与地球、岩石等区别开的条件；也用作生物的总称，包括动物、植物和人。当然，人属于动物，但他又不类似于其他任何一种动物。生命意义是一个多维度的概念，包括一个人对自己存在的原则、统合和目标的认知，对有价值的目标的追求和获得，并伴随有实现感。一个人对生命意义的认识需要一个过程，当人们了解了自己与他人的关系之后，体验了亲情、友情和爱情之后，就会自觉或不自觉地思考自己与他人、个人与社会的本质关系问题，形成对个体生命、个人与社会的基本观点，这便是世界观、人生观和价值观。对这些问题的思考，每个人都会有自己的体会和认识。对大学生而言，对生命的认识与态度，确立怎样的世界观、人生观和价值观，将直接影响大学生在校期间的学习与生活，进而影响未来人生的发展轨迹。

每个人的生命意义都是独特的，表现出个体差异性。人的生命既是客观的，也是主观的。每个人的生命都与别人不一样，每个人都是独一无二的。不管两个人看起来有多么相像，他们永远不可能成为一个人。两个人完全一样的概率几乎为零，即使双胞胎都会有很多区别，每个人都会有不同的天赋和性格，不同的天赋、性格决定了每个人适合从事不同的、有分工的工作，这也是社会分工的需要，人的先赋资源决定了人与人没有可比性。在自己的人生舞台上，自己是自己的主角，不需要去做谁的配角。

人的生命，既存在肉体的欲望，又有精神的超越，还表现在物质欲望的企求与满足上，因为这是人的生命得以存在的前提；人的生命更表现在对理想、感情、道德、信仰和价值等精神境界的升华与超越。从内容来看，生命意义主要包含了目标、统合和实现感三个核心特征。生命意义存在于目标追求之中，而统合是指人是由生理、心理和精神三方面需求满足的交互作用以及周围世界的交互作用构成的整体。所谓生理需求的满足也就是生存的需要，心理需求的满足主要指个体有积极的情绪体验，而精神需求的满足是指个体自我感觉有价值，也就是价值感。从结构上看，生命意义是一个多维度的心理概念。由认知、动机和情感三种成分构成。

追寻生命意义是生命教育的核心问题。生命的意义就在于生命的存在，个体生命是一个集个体成长、发展和作用于社会的过程，同时也是家族关系传承、繁衍的过程，还是个人与社会相互作用与反作用的过程。每个人在生老病死的自然过程中，在忙于生活、工作和事业的社会竞争中，实现着生命价值的传承与延续。生命的可贵就在于个体生命时间的有限性，而生命的意义正是因为这种有限的生命却可以有着无限的发展和传承。任何人的生命都是有意义的，因为任何人的生命都是独一无二、不可替代的。调动大学生丰富敏锐的生命感受力，对生命的意义进行多维度思考，才能使他们敬畏生命、尊重生命、珍惜生命，并以积极主动的态度直面生命、担当生命，提升生命的价值。

（2）生命的存在价值。生命是一个过程。生与死，是人生起始的两个端点。人生是一条不能重来的路，当走到终点时，才会想起途中的遗憾。以怎样的态度潇洒度过一生，于每个普通人并非一件易事。人的一生都在忙忙碌碌、紧紧张张中度过。在这个匆忙的过程中，对于越来越短的时光，每个人都心存畏惧。

生命是一种体验。生命是每一天踏踏实实前行的过程中不断遇见未知的自己与未知的世界。人们在不断地战胜困难、解决问题、走出阴霾、走过挫折、学会感恩与包容、懂得珍惜与付出中体验生命的意义，活出生命的价值。

生命是提升与创造的过程。人的生命是一个不断成长、发展的过程，在成长与发展中不断创造着。人通过创造去把握生活的变化、改造客观世界和主观世界、发现生命的意义；通过创造去实现对自己生命的认识、把握和超越，为社会、为人类提供物质财富和精神财富，使自己的精神得到升华塑造、调整着自我，使自己的生命价值得到发展与实现。

2. 生命教育的意义性

生命教育的概念分为广义和狭义两种：广义的生命教育是一种全人教育，它不仅包括对生命的关注，还包括对生存能力的培养，以及对生命价值的提升；狭义的定义是对生命本身的关注，包括个人和他人的生命，从而延伸到所有的自然生命。在这里讲的是广义的生命教育，即在个体生命的基础上，以教育为手段，通过有计划、有目的的教育活动，从生到死的生命过程中，人文、完整地培养生命的意义，引导学生了解生命及其意义，珍惜生命，提高生活质量，追求生命的意义，最终绽放生命的光彩。

高校开展生命教育不仅是促进大学生全面发展的需要，也是帮助大学生健康成长的迫切要求。教育的目的在于帮助生命力的正常发展，教育就是助长生命力发展的一切作为。生命教育包括生命意识教育、生命价值教育、生命发展教育。生命教育以和谐发展为最终目标，强调人与客观世界的互相平衡，即要达到人与自我、人与他人、人与集体、人与社会和自然之间的和谐，提高生命质量，促进自我发展，提升生命价值的目标。

（二）大学生的心理危机干预

当今社会在人才竞争和素质教育的社会背景下，大学生面临的各种压力明显增加，由此引发的心理问题不断增多，大学生心理健康问题已引起社会各界的高度重视，对大学生的心理危机进行有效的干预，已成为高校学生工作的当务之急。

1.危机

危机是当人们面对重要生活目标的阻碍时产生的一种状态，它是个人遭遇的困难、境遇，这些困难和境遇使人们无能为力，不能主宰自己的生活。这时，个体知道自己无法对某种境遇做出有效反应，而出现一段时间内的解体和混乱。危机具有的特征：①事件的发生是预料之外的；②具有无法控制感、不确定性；③日常生活、事物的混乱和瓦解。

危机发生在个人身上的情况，如失恋、学业受挫、遭遇自然灾害等。危机包括事件性危机和非事件性危机。事件性危机一般是指某一重大的应激事件，非事件性危机则是一种长期的压力情境。

相同的事件是否会成为危机，这有赖于个体的特征和个体所处的环境。容易陷入危机状态的个体的人格特征包括：①注意力明显缺乏，容易出现应付和处理问题不当；②过分内省的人格倾向；③遇到危机情境，总是联想到不良后果；④情绪、情感的不稳定性；⑤独立处理问题的能力差。

解决问题时缺少尝试性，行为冲动，常出现无效的反应行为。另外，危机的产生还与个体所处的环境有关。个人危机产生与否取决于个体是否具有足够的应对危机的能力与资源。包括个体是否拥有足够的生活必需品，即衣食住行的条件；心理必需品，如安全感、美、爱等；文化必需品，如家庭、群体交往等。当这些必需品或干预资源过多或严重不足时，或出现过多或过少的变化时，可能使个体陷入紧张和恐惧。

2.心理危机

（1）躯体疾病以及心理反应。

①急性疾病时的心理反应。具体包括：焦虑，病人感到紧张、忧虑、不安。严重者感到大祸临头，伴发植物神经紊乱症状，如眩晕，心悸、多汗、震颤、恶心和大小便频繁等，并可有交感神经系统亢进的体征，如血压升高、心率加快、面色潮红或发白、多汗、皮肤发冷、面部及其他部位肌肉紧张等。恐惧，病人对自身疾病，轻者感到担心和疑虑，重者会惊恐不安。抑郁，因心理压力可导致情绪低落、悲观绝望，对外界事物不感兴趣，言语减少，不愿与人交往，不思饮食等。

②慢性疾病时的心理反应。具体包括：抑郁，多数心情抑郁沮丧，尤其是性格内向的病人容易产生这类心理反应。可能产生悲观厌世的想法。性格改变，总是责怪别人，如责怪医生未精心治疗，埋怨家庭未尽心照料等。故意挑剔和常因小事勃然大怒。他们对躯体方面的微小变化颇为敏感，常提出过高的治疗或照顾要求，因此导致医患关系及家庭内人际关系紧张或恶化。

处理原则为积极地支持性心理治疗并可去专业的医院结合药物治疗，以最大限度减轻其痛苦。

（2）非生理状况及心理反应。发生这类情况的大多是年轻人，其可塑性强，危机过后大多能重新振作起来。处理原则为防止自杀和攻击行为，与当事者进行充分交谈，让其发泄自己的愤怒情绪，并给予适当的劝告。需重点关注的危机易发人群具体如下：

①遭遇突发事件而出现心理或行为异常的学生，如家庭发生重大变故、遭遇性危机、受到自然或社会意外刺激的学生。

②患有严重心理疾病，如患有抑郁症、恐惧症、强迫症、焦虑症、精神分裂症、情感性精神病等疾病的学生。

③既往有自杀未遂史或家族中有自杀者的学生。

④身体患有严重疾病，个人很痛苦、治疗周期长的学生。

⑤学习压力过大、学习困难而出现心理异常的学生。

⑥个人感情受挫后出现心理或行为异常的学生。

⑦人际关系失调后出现心理或行为异常的学生。

⑧性格过于内向、孤僻，缺乏社会支持的学生。

⑨严重环境适应不良导致心理或行为异常的学生。

⑩家境贫困、经济负担重、深感自卑的学生。

⑪由于身边的同学出现个体危机状况而受到影响、困扰的学生。

⑫其他有情绪困扰、行为异常的学生。

尤其要关注上述多种特征并存的学生，其危险程度更大，应成为重点干预的对象。

3.危机干预的目的和原则

一个新的人生任务表示一种危机，它的结果或是成功地完成，或是聚焦将来的危机以防对人生构成损害，每一次危机都为下一次危机做准备，正因如此，一步导向彼一步，每一次危机都为人格发展再立一块基石。

（1）危机干预的主要目的。危机干预虽然是在心理治疗的基础上发展起来的，但它在实施原则和目的上都与心理治疗具有明显的不同，明确这一点，对危机干预者形成内在的心理图式和制定有效的干预措施具有重要的指导意义。心理危机干预的主要目的：①防止过激行为，如自伤、自杀或攻击行为等；②促进交流，鼓励当事人充分表达自己的思想和情感，鼓励其树立自信心和正确地评价自我，提供适当建议，促使问题解决；③提供适当医疗帮助，处理昏睡、情感休克或激动状态。

（2）危机干预的领域原则。心理危机干预主要涉及的领域包括创伤后应激障碍、药物成瘾以及丧失亲人等诸多方面，在这些危机干预领域，心理咨询师的贡献是不可替代的。

心理危机干预的基本原则：①迅速确定要干预的问题，强调以目前的问题为主，采取相应措施；②必须有其家人或朋友参加危机干预；③鼓励自信，不要让当事者产生依赖心；④把心理危机作为心理问题处理，而不是作为疾病进行处理。

自杀是危机干预的重要领域。对于可能自杀的危机求助者，咨询师需要善于捕捉各种自杀危险信号，把握求助者发出的求助信号，从而判断自杀危险程度，采取相当果断并且直接有力的干预措施。对于具有自杀家族史，曾有自杀未遂史，经历丧偶以及精神病、药物滥用者，需要特别警惕其自杀的可能性，给以必要的预防策略和干预措施。

4.危机干预的基本过程

（1）对危机进行评估。在实施干预措施之前，应首先对危机的严重程度进行评估。对危机的评估主要涉及以下三个水平：

①紧急程度评定水平。紧急程度评定水平包括危机的严重程度评估，求助者或他人是否存在生命危险，即是否有自杀、攻击或杀人等其他危险；危机根源的认定，即影响个体的是危机事件本身，还是在处理危机事件过程中出现的过渡状态，还是社会文化因素。

②危机状况评定水平。对处于危机中的个体进行综合状态的评定，包括危机面临的认知状态、情感反应、行为改变的程度，以及躯体反应方面的表现等。

（2）危机干预的步骤。了解危机的紧急程度和个体的反应特点，对于实施危机干预措施会更加有效。尽管危机的形式和个体的反应都具有很大的特异性，但处理危机的步骤仍有经验性的模式。人们总结了大量的危机干预步骤及其效果后发现，危机干预者往往采用相对直接和有效的干预方法来处理危机，这些方法可系统归纳为以下六个有效的步骤：

①保证求助者安全。保证求助者安全应作为危机干预的首要目标，即把危机者对自我和对他人的生理和心理的危险性降到最小。这是整个危机干预过程中应该时时谨记的，也是危机干预最起码的目标。

②确定问题。准确把握危机者的问题是危机干预是否有效的关键，即从求助者的角度，确立和理解求助者本人所认识的问题。采用核心倾听技术，包括同情、理解、真诚、接纳以及尊重等，确定当事人所面临的问题。

③给予支持。通过与危机者的交流和沟通，让他们知道有人能够关心和帮助他们。工作人员不评论和评价危机者所遇到的问题，以及应对和处置方法是否合适，而是无条件地接纳求助者，鼓励和支持他们做出积极的反应。

④提出并验证可替代的应对方式。工作人员帮助当事人客观地看待其问题，寻求并评估各种可能的选择，从中找到有效的应付方式。可供选择的途径包括从环境中发现那些过去曾帮助过自己，而现在很可能还会帮助自己的人；列出当事人可以用来应对目前危机的行动、行为方式或环境资源；从当事人的思维方式中找出能够改变对问题的看法并减轻应激与焦虑水平的想法，增加思维的灵活性，准确地判断什么是最佳的选择，建立积极的、建设性的思维方式。

⑤制订计划。与当事人一起制定行动步骤以改变情绪的失衡状态。这一计划的核心包括两个方面：一是当事人自己的努力；二是要有外界的直接介入和支持。当事人要选择一系列能够采用的、积极的应付机制，同时有明确

的支持者、支持团体或机构。

⑥得到承诺。要让当事人清楚他应采取的行动是什么、应如何实施，并且应明确承诺他将严格按照计划进行。如果计划制订过程得到了保证，得到了当事人的承诺就很简单了。这里的关键是让当事人清楚他们的选择，并确保能够落实。

5. 危机干预的注意事项

危机干预的效果在很大程度上是由处理危机的人员决定的，专业人员的个人特点和所表现出的专业素质是很关键的。从危机干预者的个人特点来看，丰富的个人经验、娴熟的专业技巧、镇静、精力充沛、富有创造性与灵活性以及快速的反应能力等都是非常重要的因素。

在危机干预时也要遵循危机干预理论。危机干预理论为危机干预实践提供了依据，危机理论与心理治疗联系起来便形成了危机干预模式，它为危机干预方法和策略提供了基础。为了帮助求助者尽快从危机中解脱出来，主要有以下重要原则：

（1）指导处于危机中的个体及时、有效地接受帮助。危机干预者通过采用问题解决技巧和其他技术激发求助者的能力，把注意力放在求助者人际关系冲突和角色功能失调等核心方面，并把寻求解决问题的方法和途径作为核心的问题加以关注。

（2）帮助危机者有所作为地对待危机事件。帮助当事人对事件的发展进行预测，了解自身的资源和可能的解决办法，并帮助他们确定解决问题的步骤，督促实施。

（3）向危机面临者提供必要的信息。包括其他人可能会采取的应对策略，当事人的个性特点、自我功能、社会文化因素的影响途径等，并对当事人的疑虑进行说明，增强其解决问题的信心。

（4）不要责备他人，以防止求助者不去承担责任而采取消极回避的方式。处于危机中的人很容易把问题的责任推给别人，这不仅无益于问题的解决，反而容易造成当事人更大的情绪反应。

第五章
大学生心理健康课程教学实施

第一节　大学生心理健康课程体系构建

"综合活动的课程性质、层级性多元化的课程目标、层次性生活化的课程内容、活动性体验性的课程教学方法和发展性多样化的课程评价体系是新课程观下大学生心理健康教育课程体系构建的主要内容。"❶ 大学生心理健康状况和心理问题频发已引起社会各界的高度重视，大学生心理健康教育是教育部规定的高校教育内容。然而，如何从根本上解决大学生的各种心理问题，促进其健康成长，是当前大学生心理健康教育亟待解决的重要课题。

基于心理素质培养的心理健康教育是以关注积极心理品质、注重潜能开发、着眼建设性和塑造未来希望感的本土化心理健康教育理念，将关注点聚焦在人的健康幸福、积极进取、乐观开朗、勇敢创造等良好心理状态和积极心理品质方面，强调"标本兼治"，即解决心理问题与培养健全心理素质相结合。因此，以心理素质培养的心理健康教育理念为指导，建构大学生心理健康教育课程与教学体系，对于解决我国目前大学生心理健康教育课程体系"治标不治本"的问题，以及加强大学生心理健康教育课程体系的本土化建设，提高大学生心理健康教育的有效性，都具有重要意义。

一、大学生心理健康课程的教学原则

心理健康是青少年走向现代化、走向世界、走向未来的重要条件，健康的心理素质是素质教育的重要内容。但从日常的心理咨询工作、相关的调查

---

❶ 赖日生. 新课程观下大学生心理健康教育课程体系的构建 [J]. 教育与教学研究，2014，28（11）：42.

研究和近期媒体报道的大量案例中不难看出，目前大学生的心理健康现状不容乐观。因此，在高校开设大学生心理健康课程很有必要。心理健康课程的教学原则包括以下方面：

（1）教育性原则。教育性原则是大学生心理健康课程的基本原则。贯彻教育性原则，要求教学内容有利于学生心理的健康发展，有利于提高学生的心理素质，有效地为学校的教育目标服务。大学生心理健康教育是为了帮助大学生保持心理健康，防患于未然。

（2）发展性原则。发展性原则反映了大学生心理健康课程的目标。一方面，它有助于学生避免产生或帮助其解决生活中遇到的心理问题；另一方面，它对促进大学生心理健康发展起着积极作用，有助于学生学会使用发展眼光看待心理问题，科学地对待心理问题，在很大程度上为他们未来的工作学习生活、巩固心理健康奠定了基础。

（3）实用性原则。实用性原则反映了大学生心理健康课程对心理知识在具体情境中的具体应用。通过活动课程的练习，引导大学生掌握心理技能训练的简单方法，达到及时消除心理问题的目的。

二、大学生心理健康课程的教学方法

（一）表现出"个性特征"

在课堂教学中，由于学生的心理发展水平、心理特征等方面存在较大差异，在总体目标的背景下，课程应体现"特色特征"，这要求教师在课程实施之前确定生成目标和表达目标。生成目标是随着教育过程中在教育环境中展开而自然产生的课程和教学目标。表达目标是指学生在特定教育情境的各种"访谈"中的个性化表现。这种目标主张强调自我意识和差异的重要性。心理健康教育课的目标是能够渗透到个体的内心世界，瞄准学生的心理需求，控制目标变量，实现教学过程中的课程目标。

（二）师生协同完成教学过程

心理健康教学过程是一个自我组织过程，从教学到自主性、对话式、探索性活动过程，是一个消解、转换、升华、从无序到有序的动态过程，是在师生之间共享经历的对话过程，是学生在体验中"倾听内在本质的呼唤"的过程。教师不要求学生接受教师的权威，但要求学生消除对教师的不信任，与教师共同参与，探索他们所经历的一切，并在共同反思中获得相互理解。教师和学生共同完成教学过程，具体方法如下。

1. 讨论分析法

在教学过程中运用讨论分析方法，学生可以根据数据和经验对生活中的一些常见问题进行深入的讨论。讨论的方法可以采取多种形式，如小组讨论、辩论讨论等，安排学生们先讨论、辩论，最后由老师做总结。

2. 案例分析法

学生可以融入典型的自我认知、学习活动、情感、人际关系、个性等，然后师生们在这些心理问题的基础上对主要表现、校正方法等进行讨论。案例分析方法在课堂上有效的关键是教师对案例的选择。因此，在选择案例时，我们应该关注学生关心和渴望理解的问题，努力使所选案例切合实际、有代表性。一个好的案例将引起学生理解问题、分析问题的兴趣和热情，在分析和讨论案例时，还能提高学生的主动性和积极性，达到教学的目的。

3. 角色扮演法

角色扮演方法是一种特殊形式的戏剧，允许参与者发挥一定的作用，专注于在某种心理冲突情况下的自发表现，使学生能够通过表现释放压抑情绪，学会处理人际关系。角色扮演应尊重学生的自主性、自发性，即兴创作，营造自由轻松的氛围，让学生可以减轻自己的心理压力，认清自己的问题，以展现自己的真实感受，即兴表演，当场发挥。演出结束后，老师和学生一起讨论并总结。

（三）隐性课程的开发

隐性课程通过间接的隐式方式隐藏了校园生活和教育环境氛围中的教育目的，通过对学生的微妙影响实现了教育的作用。传统的心理健康显性课程教授学生认知知识。与明确的课程相比，隐性课程具有潜在性、非预期性和多样性的特点，其效果的不可预测性和二元性，以及结果的理解性和深刻性，为心理健康课程的发展提供了内在的可能性。对高校心理健康教育隐性课程的研究可以拓展课程的载体形式，将简单的知识型课程转化为将知识技能与情感态度相结合的课程。

1. 建构校园心理环境

心理环境是指实际影响人们心理状态的环境。校园心理环境也是校园内影响学生身心发展的整个空间。良好的心理环境利用其独特的象征符号巧妙地渗透到学生的某些价值观和精神追求中，使学生能够在自己的心理世界中内化。校园心理环境主要包括校园物质文化和校园精神文化。而校园物质文化为塑造学生健康人格提供了良好的环境和保障，它包括校园环境布局、建筑装修、教学设施配置管理、树木和花卉种植培育、图书馆建筑、教室宿舍室内布置等。校园物质文化建设先应考虑到学校的发展方向，定位应准确，弘扬时代的主旋律，以学生为出发点，尝试将学习、生活、活动区设置成既相对独立又有机结合的整体。注重环境的人性化设置、花草树木的美丽布局，给学生创造一个美好的享受，增加一些温馨的提示让学生感受到家的温暖。校园精神文化是塑造学生健康人格的无形之手。精神文化的主题是强化社会主义理想信念，树立社会主义核心价值观。校园精神文明建设是校园文化建设的核心内容。

校园文化体系为培养健康的人格提供了政策取向。校园系统文化主要是指在大学办学理念指导下形成的学校精神和一系列行为规范。它在各种规则和条例、道德规范、行为准则、人际活动、学校组织的活动中得到反映。

2. 开展爱国主义教育

爱国主义是一个国家发展的精神支柱，是对自己的国家的深度依恋。深入发展爱国主义教育是党中央的重大决策安排，是大学校园文化建设的一件大事。在校园文化建设中深入开展爱国主义教育活动，应该基于接近实际、接近学生的原则，在各种形式的活动中，让大学生感受到健康的心理教育氛围。

三、大学生心理健康课程的教学要求

（一）优化教师心理素质

从系统论的角度看，教师的心理素质是一个复杂的、不平衡的开放系统，对教师自身和学生心理健康的发展起着关键作用。从隐性课程的角度来看，教师正在用自己的言行、人格魅力、身心健康水平影响学生，实现"心连心"的教育过程。在这一过程中，教师好的心情、乐观的态度、高尚的精神得到有意识的传播和无意识的表达，影响着学生的情绪。

（二）激活课堂心理气氛

在高校心理健康课程教学活动中存在着一种氛围，所有学生都可以体验到这种氛围，它影响着课堂教学的效果。这种在课堂上弥漫的氛围是隐性的，它能让学生保持良好的情绪状态，在调动学生积极性与参与性方面发挥着重要作用。课堂心理氛围的激活要求教师具有较强的教学能力、组织管理能力、语言表达能力和心理咨询技巧。教师以明确的节奏调整教学活动，用热情的语言激发学生的情感，并以熟练的方式处理学生的心理问题，赢得尊重和信任。

四、基于心理素质培养的心理健康课程体系构成

根据理论探索和实践尝试，我们认为基于心理素质培养的大学生心理健康教育课程体系的构成包括以下内容。

（一）专题训练课程

专题训练课程是让学生转变观念，提升认识，理解和掌握保持心理健康的方法和技巧。实施专题训练课程有两种方式，即专家讲座和心理训练（心理教育课）。专家讲座一般由心理健康教育专家讲授，受众相对广泛，使大学生了解常见的心理问题，学会如何解决问题。心理训练（心理教育课）是心理教师根据大学生的年龄特点和发展需要，用学科课程的形式，以大学生成长中的各种心理健康主题进行的课堂训练或团体辅导。心理教育专题训练、课程允许大学生一起参与和交流，这可以帮助大学生解决学习、生活中遇到的一些心理问题或领悟形成一些积极的心理品质。

（二）实践活动课程

实践活动课程是基于技能形成、心理素质改善的实践训练活动课程。基于心理素质培养的心理健康教育课程体系的一个突出特点，是要注重实践活动在培养大学生积极心理素质中的重要作用。借鉴国内外优秀的实践经验，实践活动课可以通过以下列形式进行开展：

（1）营销活动。以市场竞争实践的形式促进学生的心理健康。实施方法是邀请营销专业教师参加，帮助学生运用各种营销方法和技巧消除或缓解某些心理障碍（如社会恐惧），达到维护心理健康的目的。

（2）媒体设计。让学生设计有关心理健康主题的多媒体作品并参加比赛。邀请对心理健康教育感兴趣的新媒体专业的教师参加，为学生提供有关

心理健康主题的信息和校园心理健康服务资源。

（3）自我超越训练。自我超越训练可以培养良好的心理素质和积极的生活态度，增强大学生的团队合作和竞争意识，增强团队参与意识和责任感，为大学生未来的幸福生活奠定基础。

（4）体育运动。身体健康对促进学生的心理健康起着非常重要的作用。体育运动不仅促进了学生身体技能的发展，也有利于学生的社交技能、亲社会倾向、学业成就和认知能力的发展。

（三）微环境文化课程

大学生活的微观环境对预防心理问题和提高心理素质有着非常重要的影响。大学生活中交往最多的人是微环境中的同学，如同班、同宿舍的学生。因此，宿舍环境和班级环境对大学生会产生非常重要的影响。

（1）宿舍文化心理塑造。宿舍是大学生生活的主要场所，因此和谐的人际关系可以使宿舍成员有归属感，更能深刻理解自己的价值观，从而激发他们的积极性和创造性，促进大学生的心理成长。

（2）班级文化心理建设。班级是大学生相互交往的重要组织形式。大学生与班级成员交往较多，班级的文化氛围对大学生的心理和行为的影响很大。良好的班级氛围可以提高大学生的认同感和归属感，班级同学的情感支持对大学生保持心理健康非常有帮助。为了提高大学生心理素质，防止大学生出现心理问题，学校应该营造良好的班级文化，建立积极的班级人际关系，培养大学生的集体荣誉感和团队协作精神。

（四）艺术陶冶课程

艺术陶冶课程是指利用艺术的审美心理教育功能进行心理健康教育。艺术审美心理教育主要是指个人通过艺术欣赏和实践，获得真、善、美的熏陶和感染。

在潜移默化的影响下，它会引起个人的思想、情感、理想、追求发生深刻变化，引导个人正确理解生活，树立正确的人生观和价值观。艺术陶冶课程的具体实施方法包括以下内容：

（1）音乐心理调整。音乐不仅可以治疗心理问题，还可以培养良好的心理素质。音乐可以渗透到人们的灵魂深处，唤起大学生积极乐观的情感，形成积极的心理素质。

（2）舞蹈心理教育。舞蹈可以促进大学生的心理健康，提高他们的心理素质。舞蹈不仅是一种肢体表现艺术，也是治疗心理创伤的一种方法。舞蹈心理教育致力于充分发挥舞蹈的治疗和教育功能。

（3）美术心理教育。美术心理教育是一种情感教育。它通过美好的事物调动主体的各种心理功能，升华情感，通过丰富的内心体验使情感产生共鸣，从而促进其内在的协调发展和自身与外在环境良好共生关系的建立。美术心理教育也是一种有效的自我教育形式，有利于促进自尊、自信和个性成长。

（4）影视教育。大学生心理健康教育最忌讳讲道和指责，尤其要注意分寸。电影艺术非常重视人物情感的宣扬和抑制，这便使电影的情感心理教育功能成为可能且有效。但需要注意的是，观看电影后必须进行引导和分享。

（5）组织校园心理剧。校园心理剧是利用舞台创设的生活场景，通过行为表达的方法和技巧，再现了生活场景中的心理冲突，表达了心理问题和心理过程，促使观众和演员产生新的领悟、体验新的情绪，从而形成一种全面和富有表现力的心理干预行为。校园心理剧让参与学生的情绪得到发掘和梳理，认知结构发生变化，使参与的学生能够找到问题的解决方案，建立新的行为模式，引导学生探索现实社会，完善自我。校园心理剧以其独特的原创性、互动性、生动性和启发性等特点，对大学生的心理和个性产生微妙的影响，提高自我帮助、帮助他人的心理健康意识。

总之，基于心理素质培养的大学生心理健康教育课程体系是一个旨在培养全体大学生积极心理素质的课程体系，应充分考虑大学生的自我发展潜能，综合各种课程内容的课程体系。该课程体系的构成主要包括专题训练课程、实践活动课程、艺术陶冶课程和微环境文化课程等多种形式。大学生心理健康教育课程体系建设是一项庞大的系统工程，我们只进行了些初步的探索，今后要继续完善理论研究和教育实践，努力使课程体系在培养大学生积极的心理品质等方面发挥更大作用。

第二节　大学生心理健康课程内容选择

一、大学生心理健康课程内容选择的原则

心理健康教育课程要从大学生实际的心理需要出发，针对他们在成长过程中可能遇到的心理困扰，整合心理学相关理论，设计适合学生身心发展规律的教学内容，提高其心理素质及解决问题、完善自我、感受幸福的能力。

为了使课程内容选择更符合教学目标，符合课程教学本身的内在规律，心理健康相关课程内容选择的原则主要包括：①学生必须具有相关的行为经验；②使学生在实现目标的行为中获得满足感；③使学生具有积极投入的动机；④使学生看到自己以往反应方式的不当之处，激励学生尝试新的行为反应方式；⑤学生在尝试学习新的行为时，应该得到某种指导；⑥学生具有从事上述活动所需要的学习材料；⑦学生有足够的时间学习与实践，直到新的行为反应方式成为他的一部分技能；⑧学生有机会循序渐进地从事大量实践

活动，而不只是简单地重复；⑨为每个学生制定超出他原有水平但又能达到的标准；⑩使学生能够判断学习结果，在没有教师的情况下能够自学。

综上所述，心理健康教育课程内容选择的原则的核心是从学生实际出发，根据学生的最近发展区设计出让学生有更多体验的课程内容，调动学生的积极性，发挥其潜能，让学生在学习中体验到成就感，并培养其自主学习的能力。

二、大学生心理健康课程内容构建的特点

（一）以需求和应用为导向构建课堂内容

大学生心理健康教育课程内容的构建，是以学生心理发展的需求，以学生的实践应用为逻辑。课程内容的构架是以大学生成长最需要的心理品质和心理发展能力为其内在逻辑。课堂内容包括：对大学生心理健康理论的概述，大学生自我意识的培养，大学生学习心理的调整，大学生人际关系的和谐，大学生情绪的管理，大学生抗挫折能力的培养，大学生性心理和恋爱心理的调解，大学生的生命教育以及大学生的职业生涯发展等。

以需求和应用为导向构建课堂内容，不仅体现在课程整体内容的构建上，也体现在具体内容的构建上。这就需要打破知识体系本身的严密逻辑性、系统完整性，选取以促进学生生命发展为目的，最适合学生应用的心理学理论和方法，让知识服从于学生的生命发展。

（二）整合理论构建课堂内容

大学生心理素质教育课程中所选用的心理学理论不是单一的一种心理学理论流派，而是根据学生的需要整合心理学的相关理论，如基础心理学、心理卫生学、发展心理学、社会心理学、心理咨询与心理治疗等理论的相关内容和观点。在选取这些理论时，既要重视经典理论的使用，又要不断吸取国

内外心理学的最新理论研究成果，从而让学生不断接收到新的信息。同时，要帮助学生认识理解自己心理特点的形成与发展，学会在社会生活中运用；在课程内容上，除了整合心理学的相关理论知识外，还要选用相关的其他学科，如哲学、社会学、教育学、人类学等学科的相关知识，以开阔学生的视野，丰富学生的认知。

（三）拓展实践资源来构建课堂内容

大学生心理素质教育课程注重理论联系实际，因此它强调的是知、情、意、行的统一性，重视认知与行为改变。通过课堂内外的互动结合，把心理健康教育的内容和目标具化为可以训练养成的行为特征，具化为内部的心智操作活动，提升心理品质，完善人格结构，让学生在活动实践中亲身体验，获得成长与发展。因此，在课程内容上，要密切联系大学生的实际，设计相关的实践活动，如案例分析、心理训练等；课程内容既要配合课内教学，也要安排学生实践。例如，可安排学生自信心训练、人际沟通、情绪自我调解的训练作业，设计、组织、参与学校、班级的心理健康教育活动，为社会提供心理服务等。

三、大学生心理健康课程教学内容设计的转变

教学内容设计以积极心理为引导。积极心理学的观点认为，心理学应该有三个任务：治疗心理疾病，使人生更有意义，识别和培养人才。心理学不仅应该研究心理问题和疾病，还要研究人类心理学的积极方面，如勇气、乐观、人际交往能力、职业道德、希望、诚实和毅力，这些特征可能在心理问题中起作用。如今，积极的心理学观点越来越受到学者的重视。

在大学生心理健康教育课程中，积极心理学视角的应用和问题导向教学设计的转变主要表现在以下方面：

（1）尽管大学生心理问题发生率高，但大多数学生的心理是健康的。如果我们只设计针对各种心理问题的教学内容，即只有普及心理健康问题或心理疾病知识的主题，可以说这种教学设计是片面的，它可能只适合少数学生的心理需求。

（2）关注大学生的心理特点，促进大学生的积极全面发展和成长更有意义。大学是青年学生自我意识、情绪情感、性格、人际关系和意志力等综合发展的时期，培养上述积极因素，将更有利于预防心理疾病，促进他们健康快乐地成长。因此，在大学生心理健康教育课程的教学设计中，为了扩大大学生心理健康教育课程的教学效果，应该改变课程的教学设计理念，即以突出问题为基础，以积极心理学为指导，反映积极心理学的理论取向。因此，大学生心理健康教育课程的开放不仅让大学生关注心理健康，解决心理问题，而且要激励大学生自身的积极因素，培养自己内在的积极力量和卓越的品质，并最大化发挥学生自身的潜力。在具体的教学内容中，表现的重点是培养大学生的积极自我意识、积极情绪体验、积极的人格塑造和良好的人际关系，注重大学生心理潜能的发展和积极心理素质的培养。

第三节　大学生心理健康课程教学模式

近年来，随着大学生心理问题的发展，人们越来越重视大学生的心理健康教育问题。目前，各大高校心理健康教育课程需基本达到两个教学效果：一是普及大学生心理健康知识，提高心理健康意识；二是从心理问题的角度促进大学生心理健康教育，让学生及时发现和认识自己的心理健康问题，及时解决或寻求心理咨询老师的帮助。但是，上述两种教学效果只能从问题的角度来改善大学生的心理健康问题，对于大多数身体和心理健康的学生来说，课程的收获就少了。因此，为了使大学生心理健康教育课程发挥更好的效果，有必要改变传统的基于问题为主导思想的教学内容设计和单向教学方法。

一、讲授法的运用

（一）自我揭露法

在心理咨询中，辅导员的适度自我揭露有助于建立良好咨询关系，从而解决问题。在心理课上也是如此，老师自己的成长经历、生活经历是最好的材料之一。例如，一位讲师在教室的大学宿舍里分享了他和同学的合影。通过大学四年的简单合影，可以看出宿舍学生从冷漠疏远变为亲密自然，展现了大学的人际适应性和友谊建构的过程。不过教师也应该注意自我表露，避免滥用，避免不真实，避免教学内容成为教师的个人成长故事分享，让学生感到单调无聊，其效果将适得其反。

（二）视频资料法

教学视频是将教师要传授给学生的知识、技能等内容制作成视频形式，以方便该教学片段在未来被更多的老师做教研分析用，或供老师自己分析反思自身的教学行为和教学效果。视频资料教学的运用，一方面使课堂氛围更加轻松愉快，有助于学生注意力的集中；另一方面，让教师寓教于乐，有助于学生更好的理解知识。

（三）意见反馈法

心理课程的互动不仅要体现在课程某一部分的师生互动中，更重要的是如何在整个教学过程中真正做到尊重学生，真正体现"教学与建构"。特别是在必修课程建立的初始阶段，由于教师的教学经验不丰富，通常是大班授课，所以如何吸引学生跟随教师的讲解而不是被手机、其他书籍所吸引也是一大挑战，教师在教学过程中保持积极开放的心态非常重要。在课程结束时，教师可以诚恳地邀请学生写下意见和建议，这将有助于教师很好地了解需要改进的地方，或者至少要了解学生的心声和愿望等。让学生在课堂上写下好的地方或收获，这对需要鼓励的新教师来说非常重要，让教师看到了他们付出的结果。同时，这将使学生在欣赏他人的同时总结他人的成长和进步。在收到学生的反馈后，教师应及时将自己的感受反馈给学生，以便学生知道他们的"小问卷"是有价值的，教师愿意做出新的尝试，努力使课堂更加生动、更加丰富，教师也可以看到自己的优势。这实际上也是一种心理素质的"教学"。

二、体验式教学的实施

（一）冥想练习法

课堂上所有学生集体进行短时间的冥想练习是一种可以实操的体验性练习。例如，在情绪调节一讲里，甚至在每次课程开始时，看到一些学生并没有进入课堂学习状态时，教师可以自然地引导学生做一段放松冥想。但是集体冥想也有其弊端，有的学生会难以进入状态，甚至还有个别学生小声嬉笑。教师对这样的学生要做的是持以开放的态度，让他们不要影响他人，并让他们在观察其他同学的冥想体验过程中进行学习。这种简短的冥想练习，让学生在体验中直接练习了积极自我暗示及呼吸放松的情绪调节技巧。授课教师在每次上课前做这样的练习，能够很好地帮助学生做好听课的准备，而学生也逐渐乐于接受这样的放松练习。这种由授课教师根据情况临时编排的放松练习，需要授课教师具备一定的经验，能根据现场情况随时调整节奏和内容。

（二）角色扮演法

根据课程内容设计角色扮演环节，让学生体验扮演不同角色的过程。例如，进行情绪部分的扮演活动，学生被邀请进行不同的情绪状态表演，如愤怒、悲伤等，以便台下的学生可以对情绪的表达做出更具体的感知。因为角色扮演是愉快的，它会使课堂更活跃，而观看的学生也有参与、观看的热情。

（三）音乐放松法

选择经典音乐在课堂上播放也是学生喜欢的方式。一些学业压力较大的学生认为，心理健康教育课程可以让他们适当地放松，成为他们的能量站。因此，如果能在课堂上提供直接的放松体验，就可以赢得他们的青睐。有时候课堂上的时间有限，教师也可以在课间播放。

（四）实物体验法

根据课程内容选择简单易学的对象，让学生感受体验。例如，在自我意识教学中，教师购买一袋小橙子，让学生分组选择一个小橙子并仔细观察，再放回去，然后识别并找回自己的小橙子。最后，慢慢地、小心地剥去皮并品尝它。引导学生通过这样的过程来感受自我，体验自己的特殊，学生往往在这个过程中有着特别深入的体验。但该方法受到教学对象人数的限制，并且难以操作。但是给学生带来的体验和记忆将是深远的。

三、合作式教学的实施

"合作式教学是指生生合作、师生合作、师师合作、全员合作。"❶合作式教学是一种组织学生小组学习的策略。合作学习有助于加强学生之间的沟通和包容，促进团队合作，提高学生的学习成绩。由于是大班授课，在教学实

---

❶ 董辉. 谈地理教学中的合作式教学 [J]. 新乡教育学院学报，2004，17（4）：76.

践中主要使用班级合作和小组合作模式。

（一）小组合作法

例如，在课程开始时，帮助学生建立一个由 6 人或 8 人组成的小组。根据班级的具体情况，从自由组合到根据给定的要求组合，该组合的标准要容易理解。例如，每个组必须有超过 3 个不同的专业、有两个性别。分配给小组的任务可以是与课堂内容密切相关的协作学习，如关于人际关系要求学生分享他们选择朋友的标准；也可以是课堂外的协作内容，如每组选择推荐心理学图书。

（二）班级活动法

一般班级人数是 20 ~ 30 个，每个班级都需要提交心理活动报告，由心理委员会专门负责，并且任务的完成与学习结果有关。在实践中，发现这些任务给心理委员会带来了一定的压力，但也给了他们工作的动力，使他们更能够明确自己的责任，并积极主动参加心理委员会成员的相关培训。

四、抛锚式案例教学

案例教学是大学生心理健康教育的重要教学方法。在实践中，我们发现如果教师只提供单方面案件和分析案例，这种基于案例的教学更像讲故事。这个故事可能很精彩，但还不足以充分调动学生的热情。基于案例问题的抛锚式教学要求学生到实际的环境中去感受和体验问题，为学生提出了一定的案例问题，激发了学生解决问题的主动性，提高了学生在解决过程中学习新知识的意愿和积极性。学生不同的问题解决策略使他们能够直接感受到不同的思维和情感模式。在解决问题的过程中，让学生真切感受到自己的学习和成长。为了达到学生学习新知识、新技能的目的，这种基于问题的抛锚式教学要求教师清楚地掌握教学内容和目标，并认真设计问题环节，让学生收获更多。抛锚式案例教学的具体方法为实地参观法和心理测试法。

（一）实地参观法

实地参观法可以是在心理健康教育中引入心理咨询和学习帮助时，请心理咨询委员会和其他干部预约心理咨询中心，要求学生参观心理咨询中心，以便学生对心理咨询有一个更具体的感知。这要求第一课堂教员和学校心理咨询中心的工作人员建立工作联系，使课内活动和课外活动相互融合、相互支持，为学生提供和谐、连贯的教育资源。如果心理健康教育必修课教学和心理咨询中心的工作相互脱节，教学效果往往是事倍功半。

（二）心理测试法

心理测试是学生非常感兴趣的一种方法，他们希望通过有趣的心理测试来了解更多关于自己的信息。但是，我们在心理普查之后的筛选面试中发现，也有学生收到邀请并拒绝去预约的情况。因此，让学生通过前期课程了解心理测试的初步知识是非常重要的。

对心理测试有一个科学的态度非常重要：既不能迷信心理测试，也不能通过测试来标记自己或他人，更不能漠不关心。他们也有必要了解心理普查后的筛选面试是一个难得的机会，可以与顾问沟通，互相了解，让学生意识到心理测试为他们提供了一种了解自己的方法。通过这种方式，第一课堂起到了普及心理测试基础知识的作用，也为心理咨询中心的筛选顺利开展奠定了良好的基础。由于课堂时间有限，课堂心理测试问题不宜过多，主要是为了让学生在自我评估过程中提升自我意识，激发学生理解自我、了解自己的兴趣，为使学生对测试更加热情和好奇，还需要老师介绍相关资源，让学生去探究。

第四节　大学生心理健康课程教学方法

大学生心理健康教育是一项复杂的系统工程，具有很强的科学性、知识性，其工作目标、内容、原则、途径有其自身的内涵。正确把握高校心理健康教育的内涵和外延，是全面、系统、有效开展心理健康教育的前提，是心理健康教育工作科学化、规范化、专业化的保证。

一、团体心理辅导

（一）团体心理辅导的分类

1. 发展性团体心理辅导

团体心理辅导是发生在团体情境下的一种心理咨询方式，是由经受专业培训的团体领导者，运用心理学技巧和方法，针对成员共同或类似问题，通过团体内部的交流辅助个体正确看待自己与他人问题，最终获得顺利解决问题、树立正确信念的能力。自20世纪90年代团体心理辅导传播到中国以后，团体心理辅导作为一种有效的心理干预手段，拥有强大的理论支持系统和丰富的实践操作活动，凭借其活泼性、易迁移性、短时见效性、可操作性、普遍性等特点，逐渐取代个体咨询在学校心理健康教育中的地位，受到了众多心理健康教育工作者的青睐，将其应用于解决人际交往、考试焦虑、自信心缺乏、适应不良、压力应对等问题并取得了有效成果。因此，团体心理辅导与学校心理健康教育具有更高的契合度，并在心理健康教育课程中发挥着显著的实效作用。

发展性团体心理辅导是目前应用最广的团体心理辅导形式，特别在成长发展中更受关注。发展性团体心理辅导以自我成长与自我完善为重点，参加者主要是健康的正常人或抱有某些烦恼的正常人，参加的动机多半是为了更好地了解自己，充分发挥潜能，实现自我发展。

发展性团体心理辅导通过团体成员的主动参与和自我探索，培育和增加自尊感和责任感，从而促进个人素质的发展，如领导才能提升团体、自我成长团体等。

2. 治疗性团体心理辅导

治疗性团体心理辅导是为了有特殊心理问题的人而设的，通过团体特有的治疗元素，如团体中所提供的支持、关心、感情宣泄等，以改善成员的人格结构，增强成员的自觉，使他们达到康复的功能，如考试焦虑治疗团体、社交障碍矫正团体等。治疗团体一般持续时间较长，所处理的问题也比较严重，往往针对某种行为异常，如焦虑、抑郁、性问题等。治疗性团体心理辅导的重点是处理过去的经验影响及潜意识的因素，同时或多或少必须改变个人的人格结构。因此，治疗性团体对领导者的要求比发展团体更严格。

3. 训练性团体心理辅导

训练性团体心理辅导着重人际关系技巧的训练与培养，参加者是那些希望提高人际交往能力、建立和谐人际关系的人。强调通过团体环境中的行为训练来帮助成员学习如何有效地交往、如何解决问题、如何做决定、怎样表达自己的意见等，如敏感性训练团体、社交技巧培训营等。训练性团体心理辅导就是通过团体成员相互作用的体验，学习对自己、对他人、对团体的理解和洞察，并掌握处理人际关系的技能。训练性团体心理辅导有三个特性：①强调此时此地，不涉及成员过去的行为；②强调过程，不强调内容；③强调真诚的人际关系，尊重他人，有利于他人的成长。训练性团体成员一般为10 ～ 15人。

4.心理教育团体

心理教育团体综合了心理辅导及信息教育二者的功能。例如，在医院中，若病人对自己所患疾病的知识有较全面的掌握，这可令病人有较佳的感受，同时也有助于病人与医生沟通。然而，在心理教育团体中需注意以组员情绪上的需要为主，信息上的需要为辅；不过领导者慎用艰深的术语和过量的数据，解说及指引要符合具体、浅显、清晰的原则。

5.身心灵全人健康模式团体

有心理困扰或身体病患的人，更有人际交往、经济、情感和精神上的需要。身心灵全人健康模式团体强调人是一个整体，因此照顾也要全面。团体可提供多方面的信息，包括病患相关知识、健康饮食、保健运动、人际支持网络、义务支持服务、静修冥想练习、情绪及心灵成长课程。

（二）团体心理辅导的优势

（1）团体心理辅导影响广泛。对团体内每一个成员来说，多数都存在多个影响源。参加团体心理辅导最有价值的地方是不论交流信息、解决问题、探索个人价值还是发现他们的共同情感，同一团体的人都可以提供更多观点和资源。每个团体成员不仅自己接受他人的帮助，同时学习模仿多个成员的适应行为，从多个角度洞察自己，也可以成为帮助其他成员的力量。当多个成员聚在一起时，他们会发现自己的困惑并不是独一无二的，许多人拥有类似的困扰、担忧、想法、感受和体验，这种体验对克服困难非常有帮助。而且在团体情境下，成员之间互相支持，集思广益，共同探寻解决问题的办法，减少了对领导者的依赖。

（2）团体心理辅导效率高。在每一个团体中，团体成员都是因为同一个目标而聚在一起的，这样可以节省大量的时间和精力，也可以满足团体成员对心理辅导不断增加的需要。团体有间接学习的作用，成员之间有机会听到和自己类似的忧虑，通过观察他人怎样解决其个人问题，从而受到启发，学到很多知识。

（3）团体心理辅导成效易巩固。团体心理辅导创造了一个类似真实社会生活的情境，为参加者提供了社交的机会。团体是社会的缩影，成员在团体中的言行往往是他们日常生活行为的复制品。在充满安全、支持、信任的良好团体气氛中，成员通过示范、模仿、训练等方法，使得团体特别适用于改善人际关系，培养团队精神。参加者可以尝试某些新技巧和行为，将其迁移和扩展到他们的日常生活行为中。

（4）团体成员互动互助超越个人辅导。当团体成员能够自我肯定后，其思想、心态的转化、蜕变可超越当前的困扰和问题，重新架构其人生意义和定位。同时有的团体成员利用自身克服困扰的经验帮助和鼓励他人。

（三）团体心理辅导的功能与目标

1.团体心理辅导的功能

人类的行为都具有社会性意义，通过团体历程进行的学习既真实又有价值。一个人要了解自己，最好是从团体中去了解；要改变自己，最好是从团体中去改变；要实现自我，最好是从团体中去实现。因此，团体心理辅导具有教育、发展、预防与治疗四大功能。

（1）教育功能。团体心理辅导的过程是一个借助成员之间的互动而获得自我发展的学习过程。团体心理辅导非常重视成员的主动学习、自我评估、自我改善，有利于参加者的自我教育。团体心理辅导的过程还有利于培养参加者的社会性，学习社会规范及适应社会生活的态度与习惯。成员在团体中可以进行信息交流，相互模仿，检视现实，尝试与创造，学习人际关系技巧等，这些都具有教育意义。

（2）发展功能。团体辅导的积极目的在于发展的功能，这是咨询心理学遵循发展模式的直接体现。通过团体活动可以改善成员不成熟的偏差态度与行为，促进良好的心理发展，培养健全的人格。尤其是学校团体辅导能给予正常学生以启发和引导，满足学生的自我发展需要，促进其自我了解与接纳，改进人际关系，学习建立充满信任的人际关系所必备的技巧与方法，养成积极应对问题的态度，对自己充满信心，对未来充满希望。

（3）预防功能。团体辅导是预防心理问题发生的最佳途径。团体心理辅导可使成员加深对自己的了解与认识，懂得什么是适应行为，什么不是适应行为；可提供更多的机会让成员之间交换彼此的意见，互诉心声，讨论日后可能遇到的困难及应对策略，提升对问题独立处理的能力，预防心理问题的发生或降低心理问题发生的概率。成员在团体中可以更好地了解他人、接纳他人，满足隶属感和互谅互爱的需要，以达到预防的功能。

（4）治疗功能。心理治疗学家强调人类行为的社会相互作用。团体活动的情景比较接近日常生活与现实状况，以此处理情绪困扰与心理偏差行为容易收到效果。在团体中个人的问题或困扰可以借助一般化作用而勇敢面对，借助澄清与回馈获得了解，借助净化作用与洞察获得纾解。

2. 团体心理辅导的目标

从团体心理辅导的特点出发，团体心理辅导的目标分为独特性目标和一般性目标。所谓独特性目标是指每一个团体心理辅导都具有明确的针对性，例如，自信心训练小组的独特性目标是增强自信心；人际关系训练团体的独特性目标是改善人际关系，掌握交往技能。一般性目标是指无论哪种特殊目的的团体心理辅导，在团体活动中都会包含的目标，具体可概括为：①通过自我探索的过程帮助成员认识自己、了解自己、接纳自己，使他们能够对自我有适宜性看法；②通过与其他成员沟通交流，学习社交技巧和发展人际关系能力，学会信任他人；③帮助成员培养责任感，关心而敏锐地觉察他人的感受和需要，更善于理解他人；④培养成员的归属感和被接纳感，从而更有安全感，更有信心面对生活中的挑战；⑤增强成员独立自主、自己解决问题和抉择的能力，探索和发现一些行之有效的途径来处理生活中一般发展性问题，解决冲突矛盾；⑥帮助成员澄清个人的价值观，协助他们做出评估、修正和改进。

（四）团体心理辅导的组织与实施

高校大学生都处在相似的身心发展阶段，有着共同的发展课题和成长困扰，同时，成长中的他们更关注同伴对自己的评价，更容易接受同龄人的建议，这就使得团体心理辅导在高校具有广阔的应用前景。为确保高校团体心理辅导活动达到预期的目标，要切实遵循团体心理辅导工作原理，准确定位活动目标与主题，科学设计工作方案，注重甄选团体成员，并做好评估工作。

1. 确定主题

主题是团体心理辅导的灵魂，团体的一切工作都必须围绕着主题来开展。根据高校心理健康教育的内容、目标进行设定，高校团体心理辅导涉及的主题主要包括人际交往（同学、师生、亲子）、异性交往、情绪管理、压力应对、认识自我、自信心提升、潜能开发、生涯发展、新生适应、班级凝聚力、学习行为等与大学生心理成长相关的问题。确定团体心理辅导的主题首先要确定团体的目标、主题和性质。

（1）团体的目标。目标是团体的航向，是对团体心理辅导整个过程的预期。团体目标必须清晰、具体、可操作，这是确保团体心理辅导成功的关键。另外，目标与团体成员的主观需求一致性越高，团体的凝聚力就越强，辅导的效果也就越明显。高校团体心理辅导的目标可以分为以下两类：

①以帮助大学生解决各类适应性困难为目标的团体心理辅导。例如，新生适应团体，其目标是帮助新生适应陌生的环境，消除陌生感、孤独感，感受集体温暖，投入新的学习生活；人际沟通团体，其目标是协助成员观察与学习人际吸引与沟通技巧，体验积极沟通和沟通差异性，提升人际交往技能。

②以促进大学生素质全面发展为目标的团体心理辅导。例如，生涯规划团体心理辅导，其目标是帮助学生形成"生涯发展"的理念，帮助他们澄清职业价值观，了解自己的优点和限制，学会规划，以实现自我理想，经营美好的人生。

（2）团体的名称。团体心理辅导的主题要与大学生的学习生活、成长发展密切相关，也就是说要选择大学生密切关注的主题。为了达到这一目标，在确定主题和名称前可以与相关学生一起讨论。在给主题命名时，还要注意以下两点：

①名称要通俗易懂，并能准确定位心理需求切入点。一般来说，名称要符合大学生的语言习惯和审美标准，晦涩难懂、命令式或"贴标签"的名称都会导致学生不敢或不愿参与。例如，高职高专学生普遍存在学习动力不足的心理特点，组织学习策略类团体心理辅导非常有必要，但如果将名称定为"压力应对"，可能吸引力不够大，但是把名称改为"与压力共舞"，可能会吸引一部分成员。总之，主题及名称既要清晰、具体，又要通俗易懂，并迎合学生心理需求，确保学生参与的兴趣。

②名称要与欲解决的核心问题紧密结合。假大空且不切实际的名称，会使学生失去对团体心理辅导的信任。有的组织者为了吸引更多的成员参加，可能会在前期宣传时夸大活动效果。如将"革新未来"作为一个生涯探索团体的名称，而"革新未来"一词包含了更广泛的内容，结果会造成成员的过

高预期，这不利于达成辅导效果。

2. 设计活动方案

设计团体辅导活动方案是指在弄清团体辅导性质、目标与主题的基础上，进一步确定如何开展团体辅导，以取得相应的工作效果。一般来说，高校团体辅导方案设计首先要遵循匹配性强、易于操作、安全性强的总原则。其次要落实环节选择与设计、场地选择与道具储备、确定领导者等各项具体内容。在方案设计完成后，还应进行讨论和修正，并开展预练，以达到最佳的辅导效果。

（1）环节选择与设计。一次团体心理辅导好比一项工程，由一系列环环相扣的环节组成，各环节既要能充分表达主题，隐藏心理表征，营造积极团体情境，显现内在心理动机，转化心理冲突，又相互承转自然，张弛适度，快慢缓急，铺设有序。这些活动效果都需要组织者事先研究，精心设计。一般来讲，具体环节包括热身与分组技巧、流程控制与转接、作业设计、材料使用、时间掌握等。每个环节都需要结合实际情况来设计，以确保操作能够顺畅而富于技巧性地完成。另外，在环节选择与设计时，还要预备应急方案，以应对可能出现的成员不合作或不到场等情况。

（2）场地选择与道具储备。组织者要重视场地与道具在团体心理辅导中的促进作用。团体心理辅导场地与道具如果得到巧妙利用，就会成为促进团体动力的有利因素，甚至能发挥意想不到的效果。一般而言，场地要求宽阔、舒适、明亮，并配备相应的硬件设施，能满足成员开展活动的要求。在可能的情况下，还要运用音乐、视频营造相应的工作氛围。高校要善于整合或节约人力、物力、财力等资源，为活动创造条件，如充分利用室外资源——操场、画廊等。若道具储备缺乏资金时，可以尝试寻找替代品。

（3）确定领导者。高校团体心理辅导领导者队伍序列包括专职教师、辅导员及高年级朋辈互助员，他们在专业技巧、工作经验上有所区分。总的来说，一个合格的团体心理辅导领导者必须具备良好的人格特质，对团体心理辅导理论有充分的理解，具备建立良好人际关系的能力，掌握基本的领导技能与专业技巧，具有丰富的咨询经验并能严格遵守职业道德。在此基础上，确定领导者时还要考虑不同主题与层次的团体心理辅导需要不同层次的领导者，才能满足不同层次、类型的团体成员的需求。例如，新生环境适应团体，对领导者的专业技巧要求不是很高，领导者可以是辅导员或高年级朋辈互助员。但若是情绪管理团体，其中涉及较多的讨论环节，就需要由具备一定团体心理辅导工作经验的专职心理教师来带领完成。

3. 甄选成员

针对高校心理健康教育部门提供的团体心理辅导服务，大学生的态度一般表现为两种：一种是不愿或不敢参与活动；另一种是过于依赖，没有选择性地参加活动。

大学生自主意识强，既不能通过强制的方式要求他们参加，也不能没有筛选，违背心理教育原则，让所有有意愿的学生任意参加。在开展团体心理辅导前，组织者必须做好甄选团体成员的工作。

（1）招募。

①宣传。通过海报、校园广播、校园网、校园电视台、校刊校报、学生QQ群、博客等各种校园媒介，让全体学生了解将要开展的团体心理辅导的主题和有关事项，招募团体成员。

②动员。动员包括三类：第一，辅导员、班主任、任课教师在日常的教育教学中如果认为某个或某些学生有必要参与团体辅导，则可动员他们来参加；第二，动员通过心理普查筛查出的有同质性心理成长问题的学生，参加团体心理辅导；第三，心理专职教师在日常咨询接待时如果发现某些个案情

况适合参加团体心理辅导，也可建议其参加。

（2）筛选。

①筛选原则。团体成员的选择应该具备三个条件：自愿报名参加，并有改变自我现状的强烈需要；愿意与他人交流，并具有与他人交流的能力；能够遵守团体的各项规则。由该类成员组成的团体，才能有利于开展交流，最大化地促进团体动力形成。

②筛选方式。在报名结束后，要根据团体心理辅导的性质、目标、主题和报名者具体情况，如参与动机、心理状况及成员与领导者的匹配情况等，确定哪些报名者可以参加相应的团体心理辅导活动。

4. 开展心理辅导活动

团体心理辅导的各项准备工作就绪后，便进入辅导实施阶段。一个完整的团体心理辅导需要分为几次完成，每次的辅导活动都要经历以下四个过程。

（1）团体初创阶段，成员一般缺乏安全感，并有较多的依赖、陌生与困惑感，因此初创阶段的主要任务是营造安全、温暖的团体氛围，消除成员间的疑问、困惑，帮助成员间相互认识，强化团体规范，订立团体契约。

大学生思维活跃，愿意接触新人新事，参与团体心理辅导热情较高，对团体心理辅导的期望值也较高，并在自我认识、社会化等方面存在一定主观性，同时特立独行的情况也较多见。领导者要准确把握这些心理特点，才能有效掌控初创阶段。

（2）团体转换阶段，团体成员心理行为表现为试图积极地融入团体，在团体中找到自己的位置，同时又担心自己不被他人接纳，害怕受到攻击和伤害。这时，团体成员对其他成员还缺乏信任，团体中会有抗拒和焦虑的情绪。这一阶段的主要任务是增强团体凝聚力，促进成员间建立合作互信关系，鼓励成员表达和处理冲突。

大学生具有希望自己属于高凝聚力团体的心理需求，有的表现为急于表达而缺乏深入思考；有的表现为想表现优秀而陷入夸夸其谈，内容失去针对性，阻碍其团体动力形成；还有的成员抗拒发言，未能全身心参与，游离在团体情境之外。面对这一阶段成员之间的心理与行为表现，领导者应做如下应对：

首先，领导者要创设宽松的心理环境，鼓励成员讨论团体中出现的问题，主动解决矛盾，使团体成员在互动中逐渐相互接纳、相互认同、相互信任。

其次，领导者要理性分析部分或个别成员想融入团体又担心被伤害的矛盾心理，谨慎、准确地选择恰当时机，采取有效的介入措施，既给成员必要的支持，又施加适度的压力，帮助他们融入团体。

再次，领导者要及时处理成员表现出的焦虑、阻抗等情绪。当领导者觉察有团体成员冲突时，要给予积极解释，力争转化矛盾或将议题转换到带有积极象征的内容上来。

最后，领导者要适当自我开放，真诚接纳成员，力求自身言行对团体成员具有较强的示范作用。

（3）团体工作阶段，这是团体心理辅导的关键阶段。这一阶段的任务是在积极、和谐的团体氛围中，通过成员个体的全身心投入，促进成员之间合作，学习并尝试新行为，达到认知重建的目的。

大学生具有成就动机强、重视社会评价、容易接受同辈影响等积极的心理特点，但是由于过于偏好好的评价，也存在过快、过多的伪认同，而真正的内化其实并未形成。所以在这一阶段领导者要做到以下内容：

首先，领导者要调动成员的参与行为，促使成员充分谈论自己或他人的心理问题和成长经验，在获得他人的理解、支持的同时也获得指导。在此过程中，要识别成员的伪认同，并及时提问，具体化讨论的议题，确保成员经历了真正思考与分析的过程。

其次，领导者要通过团体人际互动，帮助成员发现自身的优缺点及不足，并把团体当成一个安全的实验场，练习、改善自己的心理行为，以期能扩展到现实生活中。这一阶段采取的团体活动形式和技能因辅导目的、类型、对象的不同而不同。有的团体采用讲座、讨论、写作会、写日记等形式；有的团体采用自由讨论的形式；有的团体主要采用行为训练、角色扮演等形式。

（4）团体结束阶段，成员会出现失落的情绪，甚至对未来冲突产生担心，出现行为退缩，造成团体呈现松散现象。所以，此阶段的主要任务是巩固辅导成果，强化成员已经做出的改变，帮助他们将体验到的方式、方法迁移到其他社会实践活动中，以积极的状态预备适应外界环境。

虽然团体辅导的团体是临时的，但由于团体成员都是在校大学生，团体结束后成员之间仍然有机会交流与沟通，针对这些特点，领导者要在结束阶段鼓励成员保持联系，相互交流参加团体后的心得，以巩固团体心理辅导效果。因此在此阶段要再次加强团体成员的联系点，领导者具体措施如下：

首先，协助团体成员回顾整个辅导过程，巩固成员获得的经验。成员在领导者的带领下反省自己的心路历程，表达个人感受并对自己的成长和变化进行评价。

其次，通过一些祝福与道别的活动，如互相赠送自制小礼物或说一些鼓励与祝福的话语，加深成员间的情感交流。

再次，引导成员利用大家已建立的团体关系，商议今后的打算、制订的计划、对未来的展望等。

最后，领导者通过总结性演讲总结整个辅导过程和目标达成情况，尤其要鼓励团体成员把体验到的经验应用到现实生活中，并鼓励成员间相互见证。

5. 进行效果评估

团体心理辅导效果评估是指通过不同方法，搜集能反映团体心理辅导效果的各种资料，帮助团体领导者及成员了解团体心理辅导的成效，以发现问题、积累经验、提升工作水平的一种过程。总体而言，为了更有效地开展高校团体心理辅导工作，组织者要遵循操作性强、实用性突出的原则，了解效果评估的工作内容与方法。

（1）效果评估的内容。

①团体领导者的评估。团体心理辅导活动结束后，领导者可以将目标与成效进行比较，自省以下问题：辅导过程与计划是否相符，偏离计划的原因是什么，辅导方法是否恰当，是否满足成员的需求，满足程度如何，从这次团体辅导过程中学到了哪些新的经验等，以提升专业水平。

②团体成员的自我评估。成员的自我评估主要包括自我参与的程度，即心理状态、参与程度、尊重成员尝试协作等；对团体成效的评价，包括个人受益情况、团体优缺点及相应的建议等；自我追踪评价，包括团体对生活的影响，存在哪些改变等。

③团体方案、过程和结果评估。方案评估是指评估方案经实施后是否完善，是否满足成员的参与需求，方案目标是否明确等。团体过程评估包括团体的关系、气氛、执行、事件处理、结束是否妥当等。结果评估是指通过综合成员对团体的感受、看法、满意程度及行为变化状况，客观评定团体咨询的成果，以改进今后工作。

（2）效果评估的方法。

①行为量化法。由领导者设计一份观察表，要求团体成员自己观察相关行为出现次数并做出记录，或请其他团体成员做观察记录。该评估法用于评估团体成员的外显行为、情绪、思维是否有改善。利用行为量化法对成员的非适应性行为进行量化，既有利于领导者开展心理健康教育研究，又有利于成员评估个人行为，巩固教育效果。

②心理测验法。由领导者选取信度、效度较高的标准化心理量表，对团体成员的前测后测结果进行比较，判断辅导是否有成效。相对行为量化法，心理测验法提供了更权威的量化数据。

③问卷调查法。由领导者自编一套《团体成员自我评估问卷》，问卷为开放式或封闭式，主要内容包括成员对团体心理辅导过程、主题、目标、气氛、领导者工作方式的满意程度等方面，以便从成员的主观感受方面了解辅导效果。该评估方法有利于领导者总结工作，提升团体心理辅导技能，同时也是考评领导者工作的有效方式之一。

④主观报告法。通过团体成员的日记、自我报告、领导者的工作日志、观察记录等方法评估团体的发展和效果。主观报告法既是成员参加团体的总结，也是领导者的总结，既能巩固教育效果，也能寻找不足，不断完善相关工作。

（五）积极心理团体辅导的应用

1. 积极心理团体辅导的内涵

"积极心理学"是一门运用比较成熟的心理学研究方法与测验手段，是研究人类积极力量、发展潜能和美德等积极品质的学科。积极心理学的核心目标是理解和帮助人类获得幸福与主观幸福感。积极情绪体验、积极人格特质与积极的社会组织系统是积极心理学研究的三大板块，这三者彼此紧密联系，缺一不可。

从"内容趋向"和"机制趋向"为出发点，积极心理团体辅导的含义为："内容趋向"的观点侧重于积极心理团体辅导的内容与主题，认为积极心理团体辅导就是建构或发现、强化、维持成员的积极心理资源。这种团体辅导不是直接针对成员的心理问题或心理疾病开展辅导活动，而是通过强化成员本身的积极品质，最终摆脱负性情绪，改善心理问题。"机制趋向"的观点关注积极心理团体辅导的机制与结果，它强调积极心理团体辅导就是改变积极变量或帮助个体获得积极结果的心理咨询活动。综上所述，从"内容"和"机制"两个角度共同定义积极心理团体辅导，积极心理团体辅导是以强化团体成员的积极品质为目标，以改变积极资源为手段，选择并设计与积极心理学理念契合的团体辅导活动，帮助成员改善消极情绪和解决心理问题，最终实现心理健康水平提升的一种团体辅导的新形式。

随着积极心理学的思潮在我国的掀起，越来越多的研究者将积极心理学基本理念应用到团体辅导活动中。鉴于积极心理学更侧重于积极心理品质、积极情绪等方面的研究，这种关注冲击了传统学校教育认定的治疗观和矫正观，因此，积极心理学导向下的团体辅导在学校心理健康教育中的应用也逐渐被关注。

2. 积极心理团体辅导开展形式

积极心理团体辅导要想顺利开展，必然离不开严密的科学组织工作，也要遵从配对性好、利于操作和安全性强的使用原则。在积极心理团体辅导中，比较常见的活动方式有户外拓展活动、心理品质训练、积极分享和心理剧等。

（1）户外拓展活动。户外拓展活动要求领导者根据活动目标事先策划好相关的活动步骤与内容，在真实的情境中带领成员操作活动，在互动过程中教会成员重新塑造认知信念，积极思考。积极心理学视角下的户外拓展活动，在活动内容设计方面，更加注重让成员认识"我有"，发现"我是"，体验"我能"等的积极状态。在课程内容和实施过程方面，户外拓展活动作为积极团体辅导活动方式的一种，包含人际关系、人格训练等在结果评价方面，户外拓展活动更侧重于成员在此过程中是否能发挥其坚强的意志、获得自我提升的信念、体验到较强烈的幸福感等。

（2）心理品质训练。心理品质训练是指利用短期或者长期的团体训练方式建立、培养与维持个体积极的心理品质。积极心理学视角下的心理品质训练主题与内容选自塞里格曼（Martin·E.P. Seligman）等人提出的六大美德和24种积极心理品格优势。训练形式可选择如美丽日记、美丽瞬间、再归因训练等积极团体辅导方式。

（3）团队积极分享。积极分享是个体围绕具体的积极心理品格阐述自己的优势，与其他成员共同分享切身的积极感受，如我的特长是什么，我知道做哪些事情使我更加快乐等。积极分享作为积极团体辅导的一种活动方式，以人际沟通理论作为活动基础，要求领导者围绕积极心理品质展开分享，最终拓宽成员的人际交往能力，通过交流使个体正确认识自己的优点，学习他人处理问题的方式，及时修正不足之处。

（4）心理剧。心理剧也称角色扮演，是心理辅导的一种常用方式。校园心理剧是指通过角色表演，以戏剧的形式展现各种心理问题和积极品格，探索个体的自我优势、人际关系、情感体验等问题，使演员和观众从中受到深深的震撼与启发。从积极心理学的角度来看，心理剧更加关注成员在此过程中的即时体验和感悟，唤醒个体的主观能动性与创新能力，激发自我实现的潜能。在积极心理学导向下的团体心理辅导中，以"感恩""心理弹性""尊重"等积极心理品格优势作为心理剧主题和内容的研究正在逐渐发展成熟。

（5）其他方式。积极心理团体辅导的开展形式还包括团体沙盘游戏和主题班会等。团体沙盘游戏是在荣格分析心理学的基础上渗入东方传统文化，是指在团体情境中，众多来访者通过在对相同或相似三维立体模型的建构与创作中表现出自己的无意识思想与行为，在领导者的指导下实现心理问题的治疗和积极品质的提升。作为积极心理团体辅导的一种重要活动方式，沙盘游戏的主题和内容应与积极心理品质紧密关联。沙盘游戏的作用在于它能够充分展示团体成员的想象力和创造力，提高其对活动的兴趣，使积极心理团体辅导的结果更加有效。人们将沙盘游戏和萨提亚沟通模式结合，发现这种形式下的团体心理辅导能够有效提高大学生生命意义感和积极心理资源，并改善其人际关系。主题班会是指以班级为单位，围绕 6 种美德和 24 种积极心理品格优势，如感恩、韧性等，通过头脑风暴等方式唤醒学生对积极资源的认识，提高心理健康水平。

3. 积极心理团体辅导的应用与实践

积极心理团体辅导在本质上与传统团体心理辅导有很大的不同，为了帮助研究者与教师在未来的研究和操作中能够准确把握积极心理团体辅导在心理健康教育课程中的应用方向，建议在实际操作中注意以下事项。

（1）在主题选择上，教师应注意积极心理品质内容化。VIA（values inactioncl assification of strength，人格优势的价值实践分类）体系将人类本性划分为 6 种美德（智慧与知识、勇气、仁慈、正义、自制、超越自我），这 6 种美德分别对应 24 种积极心理品格优势，即创意、好奇、开明、爱学习、智慧；勇敢、坚毅、诚实、活力；爱、善良、人际交往能力；公民性、公平、领导能力；宽恕与怜悯、谦虚、谨慎自我控制；审美和优秀、感恩、希望、幽默、灵性。积极的心理品质有助于个人在面对挫折、压力等难题时采用有效的应对措施，保持积极的心态，更好地适应社会生活。根据积极心理学的理念和团体心理辅导的理论基础，在开展活动之前，教师应注意根据学校学生整体的实际发展情况和 VIA 体系共同筛选活动主题。

（2）在目标设定上，教师应注意引导个体发展化。人们将个体的人生发展划分为 8 个阶段，每个发展阶段的个体年龄特征和心理特点都互不相同。因此，在积极心理团体辅导中，教师需要根据各个年龄阶段所对应的特点发现并确定学生在生理与心理上的需求，必须遵循积极心理干预和团体心理辅导的理念，以发展为指标，把发掘个人优势、矫正自我认知、获得积极心理品质和丰富学生生活等作为教学目标。研究显示，在心理健康教育课堂上，积极心理团体辅导能够有效提升积极心理资源，从而减少学生消极情绪体验，最终使亲社会行为增加而攻击行为减少。

（3）在方案设计上，教师应注意活动参与度和操作化。在心理健康教育课程中，教师需要熟练使用积极心理学的设计理念，注重选择与提升积极心理资本有关的团体辅导活动，以最少的经济成本达到最好的教学效果。俞国良教授曾提出高校应充分利用网络优势，努力探索新媒体在学校心理健康教育课程中的应用方式。注重设计使学生"主动参与"的课堂活动，将线上与线下心理健康教育相结合，课上教授相关知识，课下以人生目标、幸福感、美丽日记等方式指导学生挖掘、培养、维持积极力量与人格优势。

（4）在活动组织上，教师应注意将单独操作与团队合作相结合。将积极心理团体辅导单独作用到心理健康教育课程，教师应注意调动学生在课堂上互动交流的积极性，完全接纳和包容整个团体，鼓励个体关注认真参与活动时所带来的高峰体验，用心感受活动的乐趣，将心理健康知识内化于心，并为学生留出空余时间，要求其主动讲述自己的感受，使其真正融入团体辅导活动。个体对主动参与的活动，会表现出更多的兴趣、坚持、独创力和自我约束等优势。此外，积极心理团体辅导不仅可以单独运用于心理健康教育课程当中，也可以结合其他呈现方式（如电子媒介等），基于这种认识，可利用网络平台进行积极心理干预活动。

（5）在效果评价上，教师应注意评价主体多元化。积极心理团体辅导活动的效果评价应以个人评价和他人评价为主，即个体主动分享活动心得，共享所体验到的积极情感和获得的积极品质，其他成员轮流对个体在活动中的表现和自我评价进行剖析、指正并鼓励。当然，在评价过程中不仅侧重于对当前活动所产生的感受，更应引导学生将其拓展到学习与生活当中。等待所有成员评估结束以后，教师需要综合参与者的个体活动表现、自我评价和他人评价给予学生最终的效果评估，并鼓励其在未来的学习与生活中继续保持在活动中获得的积极资源。

二、课外教育活动

（一）课外教育活动的设计原则

课外教育活动要以大学生心理特点和年龄特征为总的指导原则，这是心理健康课外教育活动生存和发展的出发点与落脚点，也是每个活动组织者必须遵循和重视的原则。此外，还需遵循以下原则。

1.层次性与逻辑性

心理健康课外教育活动的设计可以参照团体心理辅导活动设计的原理，设计也要遵循层次性与逻辑性原则，活动与活动之间要有梯度，不管是形式还是内容，都应如此，这样学生才能更好地理解主题。如果所有课外教育活动的类型都相似，学生就会失去兴趣，达不到心理健康教育所期望达到的效果。

2.活动性与互动性

心理健康课外教育活动应以活动为中心，让学生在各种模拟情境中去讨论、体验和训练，使他们可以通过直接的实践活动来提高心理素质和心理健康水平，促进个性发展。活动性是心理健康教育课外教育活动的突出特征。在活动中，要发挥积极的、双向互动的团体动力效应，通过讨论、分享等方式促进师生互动、生生互动、学生与环境互动，让学生在互动中获得心理体验和认知，进而影响其行为。

3. 启发性与启智性

要想学生在心理健康课外教育活动中碰撞出智慧的火花，产生头脑风暴，主题活动的设计一定要具有启发性，能够启发大学生积极地进行深入思考，并能够想得深远。这种启发不只限于对活动主题的思考，还可以扩大到对生活中类似问题的思考，并让学生有所感悟。好的课外教育活动还能让学生的智慧有所增长，可以领悟到或者找到一些解决心理困扰的灵感。因此，遵循启发性与启智性原则是一种高境界，也是心理健康课外教育活动保持长效的一个重要因素。

（二）课外教育活动的设计步骤

1. 确定活动的主题

活动主题是整个活动的灵魂。主题选择有很多，可根据心理健康教育的主要内容进行选择；根据开展调查的结果以学生的心理需求确定；根据不同学生心理发展阶段所需的知识确定。主题的选择要结合学生心理发展实际，具有可操作性。

例如，某校开展的"愿意学、学会学、有效学——大学生学习心理辅导"心理健康主题教育活动，活动主题的确定首先是因为学校将该年度设为"学风建设"年度，为配合这一工作，心理健康教育中心将本年度活动的主题定为"大学生学习心理"。

2. 阐释活动的理念

实现心理健康课外教育活动的目标并不是活动，而是活动背后的教育理念。如何缩短学生心理现状与心理发展目标之间的差距，人本主义者认为要创造良好的人际环境来激发学生的心理潜能，促进学生的自我实现；行为主义者认为应该进行行为塑造，通过行为的改变来促成心理的改变；精神分析学派认为应透过深入的心理分析来解除学生心理压抑的情结，让学生的心灵获得成长。根据心理发展理念不同，所采取的教育活动方式也会不同，有的侧重环境氛围的营造，有的侧重行为技巧的训练，有的侧重自我表露和情感分享。所以在这一阶段，重要的是形成一种理念，在教育现实和教育目标之间建立有效的联系，从而在这种教育理念下去设计和组织活动，使活动最终为理念服务。

3. 确立活动的目标

确立活动目标就是确立活动所欲达成的最后结果，只有目标清晰明确了，才能制订计划并付诸实施。清晰化、具体化、可操作是活动目标设计的基本要素。例如，以"学习心理"为主题的课外教育活动的总目标是帮助学生发现自己的学习潜能，提高学习能力。在设计时，我们还要对这一总目标进行具体化：引导学生认识自己的学习潜能，引导学生培养浓厚的学习兴趣，引导学生建立正确的学习观念与态度，引导学生发展学习能力，引导学生养成良好的学习习惯与有效的学习方法，引导学生培养适应与改善学习环境的能力。

4. 确定活动的内容

活动目标需通过一系列的活动内容来体现，内容是目标的载体。活动内容就是指活动项目的集合，它们表现为一个个活动单元，关系到活动目标的实现程度。例如，根据"学习心理"主题教育活动的总目标，可将活动内容确定为：培养良好学习习惯和方法，掌握记忆技巧，培养创新能力，克服考试焦虑。活动的基本任务是提高学生的学习技能；掌握有效学习策略，发展创造力；培养学习兴趣和良好的学习态度，激发学习动机；正确对待学业成功与失败，树立自信心；养成良好学习习惯，帮助学生解决与学习有关的各种困惑。

5. 设计活动的项目

明确活动目标、活动内容后，接下来就是设计活动项目。活动项目设计是针对某一具体的活动内容制订的实施计划，活动项目要与总的活动内容相对应，分析每个项目涉及的理论，制定每个项目的活动目标，设计每个项目活动内容并选择活动方式。

6. 评价活动的效果

活动设计之初，就要考虑到可能产生的教育效果。在设计者的头脑里，要有关于结果的明晰的效果图景。设计者还要善于把这种图景与所有参与活动的学生分享，使其成为大家共同为之努力的意愿。同时，设计者要为评价活动效果准备一套测评方式，使其具有可操作性。活动效果测评为这次活动提供了反馈，从而能准确评价活动的效果、改进以后的工作。但最重要的是，当活动的效果评价作为活动设计的一部分被充分考虑时，它就成了活动目标的一部分，为集体和个人提供了压力，让成员对活动有更多的投入。当然，这种评价不是对成员表现的评价，而是对群体收获和活动效果本身的评价，是一种形成性评价，所以不会像传统考试那样对学生个体造成压力。

第六章
大学生心理健康教育教学评价

第一节 大学生心理健康教育评价体系的基础

一、大学生心理健康教育教学质量评价的理论

"课堂教学质量评价是教育教学评价体系中一个重要组成部分，对于推动教学内容、教学方法和手段改革，加强教风和学风建设，促进教师不断增加教学工作投入、努力提高教学水平和教学质量具有重要作用。" ❶ 教学质量评价中，形成性评价理论和发展性评价理论是必不可少的，两者的关系是辩证的，教学质量评价的目的是发展，教学质量评价又离不开对教学过程的评价，所以在进行大学生心理健康教育课程教学质量评价的过程中，需要把形成性评价和发展性评价结合起来。

（一）发展性评价理论

发展性评价理论是一种评价者与被评价者合作的理论，评价者与被评价者依据发展价值观的理论基础，制定共同的发展目标，由评价者与被评价者共同实现发展目标的过程。在评价中，评价者会运用发展性的评价技术，从被评价者的素质、绩效、学习过程等多方面进行评价，促使被评价者不断进步、不断完善、不断发展，以此共同实现发展目标。发展性评价理论的原则就是"一切为了被评价者的提高"。国内发展性评价理论把学生发展放在首位的教育理念，倡导成绩重要但也不能忽视学生其他方面的素质，我们应加

---

❶ 王平祥，周雄. 开展课堂教学质量评价的理论探索与实践 [J]. 高等农业教育，2003（10）：25.

以引导，善于挖掘学生的潜能，从而让学生全方位发展。

因此，大学生心理健康教育课程教学质量评价中要借鉴发展性评价的理论，要重视被评价者的发展、评价中共同发展的过程、评价的诊断性功能，以及不同主体之间的差异，最终形成适合不同主体的发展目标。

（二）形成性评价理论

形成性评价理论侧重于评价者的成就期望，并强调自我完善。在评价大学生心理健康教育课程的教学质量时，形成性评价理论认为评价学科的多样化非常重要。评价对象主要包括教师、学生、学生家长等。形成性评价理论评价的内容非常丰富，包括学生在学习过程中的态度、学生创新精神和实践能力的发展、技能的获得、学习活动的经验、取得的成果等。形成性评价理论认为评价方法也应该是多样的，包括学生自我评价、教师评价，以及检查教师的日常教学材料、教师组织的活动等更多的评价方式。形成性评价理论认为，在评价原则中，应结合定性评价和定量评价，重点是定性评价。形成性评价强调学生学习过程，注重学生运用所学技能的能力，鼓励学生积极参与实践，获取相应的知识和经验。

因此，大学生心理健康教育课程教学质量评价中要借鉴形成性评价的理论，重视对学生学习过程的评价，着重于评价学生学习过程中是否有提升，并让学生对自己进行评价，鼓励结合自身特点进行学习与发挥，努力形成激励广大学生不断进步的良性循环。

二、大学生心理健康教育教学质量评价的基本原则

（一）结合定量评价与定性评价原则

在构建大学生心理健康教育教学质量评价指标体系中，不仅要看定量显性内容，还要注重定性和隐性内容，并将定性评价与定量评价相结合。

定量评价主要包括：教师评价教师的得分，学生评价教师的得分，学生考试成绩，教学成绩等。定性评价主要包括：教师是否采用适当的教学方法，教师的教学态度，教师是否正确组织教学，教师的素质是否符合课程要求。通常定性评价和定量评价可以通过常规评价和统一集中评价进行。

（二）科学性原则

大学生心理健康教育课程教学质量评价指标体系，用于反映大学生心理健康教育的客观规律，应在科学上对其进行客观设计。同时，指标体系还要经得起实践检验，坚持教育改革和发展的实践。准确、规范、合理的教学质量评价指标体系被认为是一个合格的指标体系。

根据科学性原则的要求，在大学生心理健康教育课程教学质量评价指标体系的构建过程中应注意：首先，在开始时应仔细研究指标体系。在评价教学质量理论的基础上，教学质量评价活动应根据理论基础反映的规律进行，以便根据科学性原则得到正确的研究结论。其次，构建科学合理的大学生心理健康教育课程教学质量评价指标和评价体系，应选择科学合理的评价方法，遵循科学性原则，认真严谨，细致入微。

（三）方向性原则

在评价过程中，我们应该用发展的视角来看待大学生心理健康教育的表现，更加注重被评价者的发展，并对时间和环境的变化进行现实的评价。大学生心理健康教育的有效性在短期内难以显现，并且具有持续发展过程。因此，在评价时，我们不仅要关注当前的效果，还要关注未来发展的潜力。在评价中，将静态评价和动态评价相结合作为评价方向，会使评价更准确，以促进学生心理健康工作发展。

（四）激励性原则

在评价过程中应注意以下几点。评估系统的使用应尊重教师、学校和其他学科的合理需求，并应充分发挥每个学科的自主性和主动性。学生应被视为评估过程中的积极参与者，有必要确保学生有权在评估中独立和充分发言。评价体系的运作也应该促进教师的自我反思、自我评价，尊重教师的课程需求。做到这几点才能实现大学生心理健康教育对学生和教师的激励性。

（五）评价主体多元化

评价教学质量的主体被称为评价主体。多元智能理论是最广泛使用的教学评价理论之一。从多元智能理论的角度来看，主体多样性的评价是一种更为合理、科学的教学评价方法。多元评价理论还认为，定性评价和定量评价应结合在评价过程中。在评价教学质量时，评价的主要对象是社会、学校、教师、学生、家长等。这些评价主体可以在评价过程中采用每个学科的个体评价方法，也可以采用组合评价的形式执行评价，并且每个评价主体可以在评价中选择不同的评价角度和评价焦点，这对建设和实践科学教学质量评价体系至关重要。

1. 学生的评价

在大学生心理健康教育课程的教学过程中，学生是学习的主体。在整个教学过程中，与教师接触最多的是学生，学生对教师教学有最深刻、最全面的理解。因此，学生对教师的评价也更有说服力，评价更客观。学生可以谈论教师本人和教学内容、教学环境等。国内外的研究也表明，学生应该成为教学评价的主体。

2. 教师的评价

在大学生心理健康教育课程的教学过程中，教师是教学的主体，教师教学态度是评价教师素质不可或缺的要素。因此，应调查教师对大学生心理健康教育教学质量这个因素的影响，以提高教师的教学质量。教师也是教学过程的主要参与者，他们对学生的情况最了解，与学校教学管理和硬件、软件构建接触最为直接，教师是心理健康教育课程教学质量评价的评价者之一。

3.教学管理者的评价

作为大学生心理健康教育课程的主体，教学管理者应成为大学生心理健康教育教学质量的评价者之一。在教学评价过程中，教学管理者应积极了解大学生心理健康教育课程教学中存在的问题。

（六）完整性原则

评价体系的完整性原则应主要体现在三个方面：首先，评价过程和评价标准应由不同的实体制定，学校和课堂的表现都应纳入评估过程，从而反映出评价体系的完整性；其次，有必要在评价中掌握教师、学生和其他可能的评估科目的公平性；最后，在教学质量评价中，教学、教学计划设计、教材、学校管理、部门管理、课程开发和其他活动都是评价的一部分，要多方面综合考虑，不能简单地只考虑部分领域。

第二节　大学生心理健康教育评价体系的构建

一、大学生心理健康教育评价的基本要素

大学生心理健康教育是长期性、系统性的庞大工程。为了更科学有效地对大学生心理健康教育进行评价，需要将大学生心理健康教育评价体系分解为不同级别的指标，并不断对其进行细化研究。将评价体系分解为指标进行研究，不但能够明确体系指标的具体构成，也能够明确指标之间的相互构成关系。可以从条件、内容、效果三个层面的指标进行大学生心理健康教育评价体系的构建，激发教育评价时代活力，促进大学生心理健康教育的新一轮发展。

（一）大学生心理健康教育评价的条件指标

在新时代大学生心理健康教育评价体系构建过程中，要根据现代化发展条件与教育任务对硬件设施、管理制度、专业队伍的现行标准进行分析，规划出更科学完善的条件指标，有效保障大学生心理健康教育评价体系的构建。

1.先进完备的硬件设施

要促进新时代大学生心理健康教育的质量提升，不仅需要对"软件"进行指标规划，硬件设施也需要不断更新。先进完备的硬件为大学生心理健康教育发展提供了有力的外部条件，没有外部硬件设施条件的保障，大学生心理健康教育工作很难有序进行。新时代大学生心理健康教育评价体系不但要从科技发展角度根据硬件设备更新情况作为指标，而且要从以生为本的角度考虑指标设置。

硬件设施的先进完备对大学生心理健康教育评价发展有着不可取代的现实意义，是评价基本要素之一。对大学生心理健康教育评价的硬件设施指标进行三级分解，应该包括经济保障、教育场所、仪器设备、相关资料等。①经济保障是高校心理健康教育发展的前提，每个高校都应该有其用于心理健康教育的专项经费，并对专项经费的充足稳定、使用情况进行指标设置。②教育场所由于大学生心理健康教育包含教育教学、教育活动、心理咨询、危机干预等多方面内容，所以对教育场所要求都不尽相同，因此教育场所的指标设置在新时代评价体系指标中也要突显出来，考虑其相应的要求，应尽量满足教学场所的学术性、教育活动场所的多样性、心理咨询场所的保密性与舒适性。③仪器设备是进行大学生心理健康教育工作的有效工具，在心理健康教育过程中要用到各种各样的仪器设备辅助进行，比如发泄拳击袋、模拟沙盘等。在对仪器设备方面进行指标设置时要考虑到仪器设备的齐全度、有效性，通过工具对大学生知情意行有提升作用。④大学生心理健康教育的相关资料的指标设置则要求资料需及时更新、资料保证齐全，更重要的是资料的权威科学性，不能单纯运用科学的范式，要时刻谨记以德育为先，使用思想正确、符合社会主义主流价值观的相关资料。

2. 科学系统的管理制度建设

大学生心理健康教育是一个专业性强、保密性强、涉及范围广的工作，我国教育部对高校加强大学生心理健康教育工作统一领导和统筹规划提出了新的要求，在指标设定上应予以贯彻。

新时代大学生心理健康教育评价体系中对管理制度的评价是多方面的，包括领导重视程度、组织制度、工作规划方面。

首先，大学生心理健康教育评价体系需要高校领导重视并做出合理评价。教育工作的质量提升与高校领导的重视是分不开的，其分解观测点包括领导对大学生心理健康教育工作的专业程度、关心情况、定期检查情况，另外在新的背景要求下，领导对立德树人的理解程度与执行程度也应该作为观测点之一。

其次，在对组织制度指标分解完善时，首先考虑各高校自身实际情况，能否构建出科学系统的全套人员管理结构并执行下去是一个重要观测指标。指标观测点在于能否制定大学生心理健康教育工作新制度，并规定好工作细则与实施办法，规范大学生心理健康教育工作的开展，设置奖惩机制，推广优秀案例。组织制度的指标分解是对于高校三级网络组织的实行内容进行分解，包括从校级、院系到班级的三级网络组织的工作系统中的职责确认，宣传开展，及时发现心理问题、实现心理问题的有效预防等指标。

最后，心理健康教育工作规划指标分解过程应该考虑到目标设定、短期规划、长期规划、年度工作报告、与思政结合情况等观测点。目标设定是教育工作的动力与方向，在新时代评价体系中，对目标设定的评价应该是明确的。工作规划需要全面、细致，并做好每年年度工作总结报告。工作规划中有需要短期可实现的工作规划，也要有面向未来长期发展的工作规划，其中，做好心理健康教育工作规划重要的一点是将其纳入思想政治教育的整体规划中，要考虑对学生道德品质、价值观的培养，做好全员、全过程、全方位的"三全育人"工作。

3. 层次合理的专业队伍构建

大学生心理健康教育的专业队伍建设是进行心理健康教育工作的基础与保证，也是大学生心理健康教育评价体系的重要组成部分。充足的人员数量与合理的配置能够保证大学生心理健康教育工作有序、高效进行；有效的专业培训能够提高师资队伍的素质，保证大学生心理健康教育的科学性与权威性；而良好道德品质则保证了在过程中不迷失根本教育方向，共同促进大学生心理健康教育质量的提升。

新时代大学生心理健康教育评价体系中对专业队伍建设方面提出了具体要求，以往评价体系构建一般包括师资数量、配置合理性、专业素质，但师资队伍是立德树人教育任务实现的保障，因此新的评价体系中道德品质指标的设定也是必不可少的。一方面，高校心理健康教育老师人员数量要满足师生比不低于 1∶4000 的要求，构建好师资数量上的指标；另一方面要考虑到配置的合理性，包括专业骨干队伍与专业教师的配置。专业教师是心理健康教育队伍的核心，高校心理健康教育应建立起以专职教师为主，兼职教师为辅，互相补充、相对稳定的专业队伍。根据教育部下达的文件，高校需要配备至少两名专业教师，还有足够的兼职教师与辅导员，建立起密切的三级网络组织，这也是新时代大学生心理健康教育评价体系的重要观测指标之一。除专兼职教师配置要合理外，观测指标中年龄配置的合理性也是尤为重要的。教师队伍中不能全部为资历足、年龄高的老教师，还要考虑到教师队伍的连续性，培养中年教师与青年教师，做到专业教师队伍不断档。

历来大学生心理健康教育评价指标体系建设中，对心理健康教育专业知识与技能的要求都列为重点。对专业骨干教师、兼职教师与辅导员队伍的要求包括：①专业教师每年接受不低于40学时的心理健康教育方面培训，或者参加不低于两次省级以上专业心理健康教育学术讲座。②兼职教师与辅导员队伍通过接受专业培训、参加学术会议等，也要掌握相应的心理健康教育的专业知识与技能。③师资队伍的道德素质指标是评价体系新添加的内容，但是也是教育的重要前提，任何教育事业都需要以德为先，立德树人，保证教育者的道德素质，才能够培养出合格的社会主义人才。

（二）大学生心理健康教育评价的内容指标

大学生心理健康课堂教学、心理健康教育活动、心理咨询与危机干预是大学生心理健康教育工作的重要内容，也是构建大学生心理健康教育评价体系指标应该着重考虑的问题，从而保证指标建设的全面性与合理性。

1. 以心理发展为目的促进课堂教学

现代大学生进行心理课程的学习既是为了提升自我心理素质也是履行维护校园稳定的义务，高校能否做好大学生心理健康教育课程的安排，保障大学生接受心理课程学习的权利是进行大学生心理健康教学评价的第一步。为了做好新时代大学生心理健康教学评价体系的构建，促进教学质量的提升，实现大学生心理发展的目的，需要教学课程分解为线下与线上两个三级指标维度双管齐下对其进行评价体系建设。

线下指标可以细化为课程体系、课时设置、教材使用、教学形式。线下教学指标及其标准在《高等学校学生心理健康教育指导纲要》中都有明确规定。在课程设置评价方面，要求拥有规范化的心理健康课程教学体系与教学内容，开设心理健康教育公共课、选修课与辅修课，做到大学生心理健康教育的全覆盖。大学生心理健康教育作为思想政治教育的重要组成部分，是否将心理教育课程纳入学校整体教学计划体系，与思想政治教育课程有机结合的程度也是评价的重要标准。按照课时标准的新要求，心理必修课程应设置在 32 ～ 36 学时，在进行课时部分指标建设时应以此为标准，心理课程的选修、辅修则应该依据现实情况与个人爱好进行学习，但也应该在评价指标中体现出来。在教材指标方面，心理健康教育教材具有多样性，选择原则应在保证其科学性与权威性的同时，也要符合社会主义核心价值观，塑造当代大学生正确价值观。科研探索是实现大学生心理的不断发展的重要途径，特别是相关内容发展空间巨大，做好教学科研的指标建设也是尤为重要的内容之一。

教学形式的改变是新时代大学生心理健康教育评价需要重点抓住的内容，线上教学既是新时代心理健康教学的创新手段，也是新时代心理健康教育评价指标建设的重难点部分。线上课程并没有强制性的教学任务，更多的目的是为辅助线下教学，互为促进。要加强线上教学部分的指标建设，需要着眼于通过网络 APP、网络心理课程学习指标，实现教学形式多样化。随着科技进步，心理健康线上教学形式的多样化，网络课程陆续推出，网络 APP 也层出不穷，例如智慧树、在线学堂、尔雅课程等都是新时代线下心理健康教学的典型。线下的授课形式与线上教学相结合，能够促进大学生心理健康教学质量的提升。

加强对大学生心理健康教学指标的构建，能够通过评价及时获得信息的反馈，发现心理教学过程中取得的成绩与存在的问题，并有针对性地改正心理教学过程中出现的不足并解决问题，完善心理教学工作。新时代大学生心理健康教育教学评价过程保证围绕立德树人来进行开展，质量评价也要围绕立德树人的落实和实效来回答，真正做到在心理健康教学过程中促进大学生心理发展。

2. 注重创新与潜能的心理健康教育活动

大学生的心理教育活动内容丰富，形式多样，与其他教育形式相比，更具有体验性、参与性。大学生通过参与心理活动，可以在与同学互动交流中提升心理素质与培养健全人格，令心理问题有效得以舒缓，实现大学生心理健康教育润物细无声的功效。同时，多形式的心理健康教育活动的开展，也能够营造积极向上的校园心理文化氛围。

新时代大学生心理教育活动评价指标可以分解为活动数量、活动质量、内容形式、活动参与度与线上宣传等三级指标。目前各高校举办例如心理健康教育月、"5.25"大学生心理健康节等主题教育活动频率较高，活动数量基本达到评价要求。在新的评价体系中更侧重于评价活动质量，活动内容的创新，活动形式的科学性、趣味性等，注重质量的活动更能够增强大学生主体意识，真真切切能够有益于提升大学生心理素质，促进大学生创新能力，激发大学生内在潜能，减少心理问题的发生。在评价宣传形式上，更加注重对活动的宣传传播渠道及活动感染力的评价。同时，活动参与度也是衡量心理健康教育活动的重要指标，参与度的提高直接与活动质量呈正比。网络平台成为心理教育活动的新阵地，例如利用 QQ 群、微博、新媒体平台的宣传覆盖面，与心理健康教育达成互联网＋的效应程度。特别是新媒体平台的利用，能够快速有效地进行活动宣传。

新时代背景下，大学生心理健康教育活动形式层出不穷，学生参与感强，有意义的心理健康教育活动越来越多，有效促进了大学生创新与潜能，避免了只停留在规章制度考核、纸质材料审核、教学硬件评估、理论知识考查等层面。通过大学生心理健康教育活动评价体系的指标建设，可以有针对性地解决以往心理健康教育活动实践过程中存在的问题，包括活动的宣传不到位、不具有可操作性、对大学生的感染力低等。新时代大学生心理健康教育评价体系要积极改正心理健康教育活动的问题，真正在活动过程中做到促进大学生潜能与创新意识。

3. 展现"利他利己"价值的心理咨询

心理咨询作为大学生心理健康教育的重要内容，其各项指标也在跟随新时代要求不断细化、提升。心理咨询有着针对性强、效果显著等特点，在用新要求新标准对大学生心理咨询工作情况评价指标进行构建时，严谨细化的指标能够有效针对心理咨询短板，提高心理咨询效果，更加能够体现和放大心理咨询"利他利己"的价值。

在新的心理咨询指标建设过程中，应主要包括师资资质、场地设备、接待设置、危机干预和发展性辅导效果等方面。心理咨询人员应具有专业资质，原有的国家二、三级心理咨询师资质是基础准入条件，中国心理学会等注册系统资质应作为高校咨询师资质的方向要求。高校心理咨询工作的场地需要有心理辅导室、心理沙盘室、情绪宣泄室等。接待设置方面，新的评价体系将对现有咨询体系能否提供合理的值班、预约、转介、台账等方面做出指标建设。心理档案能否客观地记录来访大学生的心理状态，分类整理档案资料，能否严格遵守保密原则，保护学生隐私，做到坚决杜绝信息外泄。危机干预和发展性辅导效果方面注重咨询师在咨询过程中是否能够将心理问题与实际问题相结合，根据不同专业、学段的学生所面临的不同问题有针对性地进行分析，多与学生交流沟通，真正理解大学生内心所想，精密准确地找出引起问题的根本原因，进而找到对策帮助学生走出困境。

在对心理咨询过程进行评价时，还需要对心理咨询之后的大学生进行回访。从而找出问题，积极引导高校对所需场地设备的更新，完善心理咨询已有的体制机制，向大学生提供更加安全有效、贴近时代的心理健康指导。对心理咨询进行评价，能够减少大学生心理问题，构建出教育与指导、咨询与自助、自助与他助紧密结合的心理健康教育与咨询服务体系，凸显心理咨询的"利他利己"价值，真正做到提高大学生心理健康教育质量。

4. 以生命安全为底线的危机干预

大学生在遭受严重灾难、重大事件变故、精神压力之后容易产生痛苦、绝望的心态，导致心理危机状况出现。面对此类大学生，危机干预手段能够针对个人实际情况进行有效处理，及时帮助当事大学生走出困境。在高校中危机干预的运用价值不可忽视，对危机干预进行指标建设，有助于高校处理好大学生突发心理问题，解决因危机所导致的伤害。

对危机干预工作进行评价，要从以下两点进行：

首先，对高校预防心理危机的程度进行指标建设，观测高校是否能够及时排查，重点关注，做到防患于未然。主要评价内容包括心理测评方式的完善程度、量表的优化程度、预警防控体系的建立程度、查找存在心理问题大学生的科学性与准确度等。同时要开展预防和处理大学生心理危机事件专题研究，组织力量深入分析大学生心理危机案例，强化数据分析和情况梳理，提高预防和干预突发事件的应对能力。

其次，应对评价指标，在危机出现时的应对策略、相关人员的专业程度、是否开启与专业卫生机构绿色通道的评价。新时代评价体系对心理危机预防干预专业水平与能力提出了更高层次的标准，要求高校保障好每一位大学生的生命安全是新时代大学生心理健康教育评价标准的底线。最后是对出现心理危机的大学生的跟踪服务指标，以确认大学生心理问题得到缓解，避免出现生命安全问题。

新时代的危机干预工作是大学生心理健康教育工作中逐步加强的部分。通过对危机干预进行评价，促进高校主动关心排查心理存在隐患的同学，做好预防干预工作，达到防患于未然；提高咨询师的应对危机能力，减少大学生心理危机带来的意外；在危机来临时，有效防止大学生伤亡事件的发生，及时帮助大学生解决重大心理问题，快速帮助大学生走出心理困境，有效保障大学生生命安全。

（三）新时代大学生心理健康教育评价的效果指标

新时代大学生心理健康教育评价体系需要实践效果指标的反馈，因此，大学生心理健康教育评价体系在构建过程中要对大学生心理健康教育进行实践效果的指标建设，从目标达成度、社会适应度、结果满意度等三个指标设定，让评价体系更加科学严谨，具有说服力。

1. 心理育人的目标达成度

大学生心理健康教育的目标达成度作为衡量教育效果指标的设置，是教育质量提升的一个重要部分。目标达成度不但是衡量大学生心理健康教育评价效果最直观的依据，也是衡量大学生心理健康教育计划进度的重要标准，还是激励大学生心理健康教育发展的重要因素。将目标达成度纳入评价体系是宏观上对大学生心理健康教育评价体系的总体把握。

评价效果的目标达成度是对大学生心理健康教育的一个综合性的考量标准，在对其进行三级指标分解时要考虑科学性和可操作性。从时间的维度可以将目标达成分为即时效果的目标达成与长期效果的目标达成。对即时效果的目标达成度进行指标设定，能够迅速了解教育目标的达成情况并进行反馈，立足当下及时调整大学生心理健康教育不当的发展方向，从而聚沙成塔，为教育长期效果的目标达成奠定良好的基础。对大学生心理健康教育长期目标的达成度进行指标设定，则是长期的计划部署，但其中不可缺少进行阶段性的评价。长期效果的目标达成度评价是一个过程，要着眼于每个阶段，才能够做好大学生心理健康教育的整体目标达成。做好即时效果与长期效果目标达成度评价的相互协调，有利于促进大学生心理健康教育的质量提升。

2. 教育主体社会适应

社会适应指的是个体逐渐地接受社会现有的道德规范与行为准则，对于环境中的社会刺激能够在规范允许的范围内做出反应的过程。对社会生活的适应程度是大学生未来发展的必经之路，如果无法达成必要的社会适应程度，也就意味着大学生社会化程度不足以在毕业后应对复杂的社会环境，必然容易出现各种心理困扰甚至心理问题。因此教育客体的社会适应度也是观测教育效果重要指标之一。

现代大学生与社会对接时心理问题主要是关于就业创业能力、社会交往能力、自我道德规范能力三大方面。因此，对新时代大学生心理健康教育效果进行指标观测点分解时，也应考虑到大学生心理健康教育对就业创业能力的培养、对社会交往能力的促进、对道德自我规范能力的提升三方面进行指标衡量。工作推动社会发展，占据着现代人社会生活的很大一部分，大学生心理健康教育对就业创业能力的培养显得尤其重要；社会交往是人全面发展的内在要求，大学生心理健康教育对社会交往能力的促进能够有效提高大学生适应社会的能力；我国高等教育事业要培养以德为先的大学生，良好的大学生心理健康教育可以对个体的道德认知、道德情感、道德意识以及稳定的道德行为产生重要的影响和促进。在大学生心理健康教育评价体系构建中立足以上三部分进行教育效果的指标建设，能够有针对性地提高大学生心理健康教育的质量。

3. 教育实践结果满意

满意是一种心理状态，是指一个人对事物结果的主观评价。将教育实践结果满意度引入教育评价体系作为指标观测，在需要教育效果进行评价时，通过满意度调查活动调查相关人员满意情况指标，观测评价对大学生心理健康教育工作质量的提升效果，明确当前教育系统需要改进之处。从本质上来说，结果满意度是一种技术，将其运用于大学生心理健康教育评价之中，将有利于提升大学生心理健康教育质量。

将满意度调查设为评价教育效果核心指标，将其视作有效促进教育发展的尺度，建立系统的教育评价体系。能有效地倾听来自各方的建议，了解教育现状，发现教育短板，评价教育效果，推进教育质量提升。对大学生心理健康教育结果满意度进行评价，分解相关人员满意情况指标主要来自上级领导、教师以及学生的结果满意度跟踪，在每一个三级指标之后又可以分解为对教育教学、教育活动、心理咨询与危机干预的指标观测点，实现教育结果满意度再一次指标细化。

二、大学生心理健康教育评价方法

（一）德尔菲法（Delphi）

德尔菲法（Delphi）是通过广泛征求专家意见，经反复多次的信息交流和反馈修正，使专家的意见逐步趋向一致，最后根据专家的综合意见，对评价对象做出评价的一种定量与定性相结合的方法。该方法要求专家具有丰富的教学、管理经验。

确定指标权重，采用德尔菲法（Delphi）专家咨询法对指标权重赋值，并进行运算，最终确定各项指标的权重值。各项指标权重取值范围均在0～1之间，且各项一级指标权重之和为1，任何一项一级指标所包含的全部二级指标的权重之和为1，任何一项二级指标所包含的三级指标的权重之和为1。

（二）专家咨询问卷法

专家咨询问卷法是将问卷调查法与专家咨询法相结合，在运用问卷调查法分析大学生心理健康教育课程教学质量影响因素的基础上，结合现代教育管理理论，初步选定大学生心理健康教育课程教学质量评价体系的备选指标，并在问卷中设置了开放性问题，以了解专家对问卷中未提到内容的意见和建议。遵循专家咨询法的要求，每次专家咨询均有详细的填写指南，并将上一轮咨询表的回答情况反馈给专家。备选指标重要程度依据 Likert 五级评分法分为 5 个等级：很重要（5分）、重要（4分）、一般（3分）、不重要（2分）、很不重要（1分）。专家对调查内容的熟悉程度也分为 5 个等级：很熟悉（5分）、熟悉（4分）、一般（3分）、不熟悉（2分）、很不熟悉（1分）。判断依据分为理论分析、实践经验、从同行处了解、直观感觉四类，影响程度分为大、中、小三个等级。

（三）统计学的方法

专家的可靠性由专家的积极系数、权威程度和专家意见集中程度来衡量。专家的积极系数以回收率表示，权威程度由权威系数（Cr）表示，Cr 一般由两个因素决定：专家对方案做出判断的依据，用 Ca 表示；专家对问题的熟悉程度，用 Cs 表示。权威系数计算公式 $Cr=（Ca+Cs）/2$。专家意见集中程度指标采用变异系数（Cv）表示，其值越大，表明专家意见越离散。同时采用 Kendall 协调系数 W 表示专家意见的协调程度，协调系数 W 在 $0 \sim 1$，越接近于 1 表示专家意见协调程度越高。

三、大学生心理健康教育评价的实现、检验与优化

大学生心理健康教育评价的指标建设是基础，后续要对指标权重与指标标准进行探讨，对新时代大学生心理健康教育评价进行检验，并找出不足后

进行优化，以保证大学生心理健康教育评价体系的完整性。

（一）大学生心理健康教育评价的实现

新时代大学生心理健康教育从条件、内容、效果维度完成评价体系的初步构建之后，后续工作中还需要体现"立德树人"要求，根据教育理念调整界定评价权重与确定评价标准，才有可能真正落实到评价实践过程中去。

1. 界定评价权重的新角度

遴选出大学生心理健康教育评价指标之后需要界定好各级指标的权重。界定指标权重的作用在于能够突出体现不同指标在大学生心理健康教育评价体系中的重要程度，通过确定权重来表现各级评价指标的重要性，可以令评价者与被评价者一目了然，能够一针见血地指出教育中存在的问题，从而有针对性地改进心理健康教育。新时代大学生心理健康教育评价指标权重确定遵循"立德树人"的根本任务指导，现有各级指标的权重与过去拟定权重必然会有所差异，比如心理健康教学过程中线上教学对大学生道德的引导、心理健康教育活动的价值引领作用等指标权重需要有侧重性的加强，实现评价权重的一个更新，以更加适应新时代要求。

在具体的大学生心理健康教育评价指标的权重界定过程中，考虑到方法可选择的多样性，在大学生心理健康教育的专业特色基础上，将使用最为广泛且权威的定性分析方法、经验确定法和德尔菲法相结合。经验确定法的具体内容是向大学生心理健康教育专业领域的专业学者进行请教咨询，根据他们的丰富工作经验，从而确定评价的权重。

新时代大学生心理健康教育评价权重的界定需要在"立德树人"视角下进行，因而应多种分析方法相结合来进行分析。在实际对指标权重操作过程中，不同的权重设计方法所得到的权重系数是有所差异的，无论是定性分析法、定量分析法或综合分析法，目前没有任何一种方法能够确保所确定的权重是最科学精确的。在新时代大学生心理健康教育评价研究中，为体现"立德树人"教育任务根本目标，必须依靠定性分析与定量分析相结合，多采用综合分析的方法。应进行多轮测试，以实现评价指标权重的权威性，使分析结果最终趋于一致，以求在基本教育原则的指导下实现科学有效的评价。

2. 确定评价标准的多元化

指标评价的标准即对大学生心理健康教育测评的标准，是直观反映心理健康教育成果的标尺。评价标准的确定是新时代大学生心理健康教育评价体系构建的核心要素之一，同时也是判断心理健康教育事业达成数量与质量的重要依据。评价标准存在很多分类，比如从评价内容上可分为素质标准、职责标准与效能标准，或者分为状态标准与效果标准；从参照标准上可以分为社会标准与科学标准。

根据大学生心理健康教育评价体系的特点，采取社会标准与科学标准为依据设置评价标准的临界点是较为合理的，社会标准指的是根据国家教育部门对大学生心理健康教育所下发的文件、政策、法规等统一要求为依据而确定的评价标准，最终评价结果具有高度统一性。科学标准指的是依据科学原则与客观规定作为评价标准，其强调自我比较而不是他比，是一种过程性的评价标准，更加注重教育过程是否遵循学生发展规律。由于心理健康教育的特殊性与复杂性，单一的评价标准并不能够满足复杂庞大的评价系统，个性化的评价标准也应该被运用采纳。避免只将评价结果作为唯一评判标准，更符合以人为本的新时代教育评价理念。

制定新时代大学生心理健康教育评价指标标准时还要考虑到方向性、时代性的原则。方向性原则指的是教育标准要做好教育的导向作用，比如提升大学生心理健康教育质量、促进高校思想政治教育事业发展、实现立德树人的教育目标等，都应该在教育评价中明确体现出来，实现心理健康教育评价的最终目标。时代性原则指的是评价标准符合新时代对心理健康教育提出的要求，要注重大学生心理健康教育评价过程中与创新、道德、实践这些新时代需要的精神发生碰撞，从而产生价值。这些价值在过去可能会被忽略，但却是新时代的重要内容。总而言之，要做好新时代大学生心理健康教育评价活动，多元化确定评价标准也是其中重要一环。

（二）大学生心理健康教育评价的检验

大学生心理健康教育评价体系的构建并不是评价研究的最终流程，对评价体系的检验也是必不可少的后续步骤，即对评价的再评价。通过科学理论、时代环境、主客体等层面，多元化地对大学生心理健康教育评价进行实践检验，实现对评价结果的再评价，让教育评价结果更加科学严谨，具有说服力。

1. 科学性检验

通过科学理论对教育评价进行检验是指以大学生心理健康教育评价检验方面的客观规定和理论原则为依据来检验教育评价的标准，通过理性的方法去整理感性材料，是评价检验活动必不可少的重要步骤。在检验大学生心理健康教育评价时可以运用 BS5750 或 ISO 9000 模式、绩效指标模式、专家管理模式等。

通过科学理论对大学生心理健康教育评价体系进行检验，能够在符合教育评价发展客观规律的基础上，提高评价结论的客观性与权威性，指导教育评价实践，实现教育评价科学性检验。

2. 目标性检验

要在时代环境方面进行大学生心理健康教育评价的检验，应从大学生现在与未来的主要成长成才环境——高校与社会两个角度，也即教育目标和社会目标两个维度着手对评价进行检验。

从时代环境层面进行评价检验，能够通过观测大学生心理健康教育对高校乃至社会产生的积极效果，有效促进时代环境与大学生心理素质的双重提升。通过对高校层面的评价检验，能够宏观上把握大学生心理健康教育出现的问题与不足，及时调整心理健康教育方向，为大学生心理健康教育发展提供依据，促进大学生整体素质提高，同时能够带动校园优秀校风学风建设、社会和谐稳定建设。因此，将时代环境与大学生心理健康教育评价的检验联系到一起，根据实际的效果对大学生心理健康教育进行反馈，与时俱进地对评价体系进行创新是检验教育评价的重要依据。

3. 主体性检验

缺少人作为主体的检验会导致评价的刻板化与公式化，特别是大学生心理健康教育这种以人为本的学科，教师和学生是教育进行过程的必要存在，因此，将学生与教师的意见作为检验的重要组成部分是十分必要且有意义的。

心理健康教育专业教师对于评价的检验有着其他检验方式无法比拟的独特优越性。大学生心理健康教育专业教师拥有相关的教育教学知识，能够从专业角度对大学生心理健康教育评价效果进行检验，提出专业性、建设性、关键性的建议，为大学生心理健康教育质量保驾护航。同时教师能够直观感知到通过新时代大学生心理健康教育评价，学生是否获得进步，特别在心理育人对道德的促进方面是否获得进步。大学生心理健康教育专业教师对评价做出的教育是提高教育教学水平的有效途径，充分反映了当代教学评价的新理念，通过专业检验有利于改善大学生心理健康教育评价中的关键问题，为大学生心理健康教育质量的发展提供支持。

倾听来自学生对评价反馈的声音，充分发挥学生的参与作用与主体作用，能够有效推动大学生心理健康教育评价的改进，优化教育评价内容，从而反馈评价对教育效果的促进程度。

（三）大学生心理健康教育评价的优化

没有任何评价体系是可以一蹴而就的，教育评价体系不但要经过实践的检验，更需要后来者不断将其优化。大学生心理健康教育涵盖内容广阔，目前的研究仍有待深入。随着研究的不断深入，会不断有新的问题暴露或者新的观点出现。为改正现存问题，将已有内容更新，实现评价的可持续发展的优化，可以通过借鉴相关理论、优化评价内容、创新评价方法等路径实现。

1. 路径一：借鉴相关理论

科学理论是对事物内在规律的深刻揭示，任何事物没有科学理论作支撑，就无法始终如一地向前迈进。要进行大学生心理健康教育评价的实践研究，大学生心理健康教育评价理论就是实践发展的内在保障与前进导向。目前大学生心理健康教育评价理论研究面临着理论发展的渐进性、理论应用的迫切性、理论创新的艰难性等问题，甚至问题之间相处交织会出现理论发展的渐进性与理论应用的迫切性难以同步。这些问题的存在加大了心理健康教育评价体系建设的困难程度，也影响了评价体系的科学性。因此，完善大学生心理健康教育评价理论既是优化的有效路径，也是深入研究新时代大学生心理健康教育的必然需要。

当前为了摆脱新时代大学生心理健康教育评价的理论困境，最有效的途径之一就是进一步加强大学生心理健康教育评价的学科知识借鉴，包括思想政治教育学科、教育评价学与管理学等学科。大学生心理健康教育评价是教育评价学的学科分支，要进行二级学科的理论发展，首先要充分理解教育评价学的理论基础，比如大学生心理健康教育评价要遵循教育评价规律与原则、大学生心理健康教育与教育评价功能一致等。同时教育评价与管理学也是相互贯通的，心理健康教育评价需要采用管理学的理论与方法更好地服务教育评价，保证教育评价的顺利开展与教育评价目标的达成，同时能够对教育评价发展进行管理，避免教育评价存在的不自觉性与盲目性，借鉴管理学的理论方法使教育评价具有重大现实意义与功能。

获取知识是人类永恒的命题，以大学生心理健康教育评价为例，只有了解了相关知识，掌握了理论基础，才能够正确处理大学生与心理健康教育评价之间的关系，使教育评价活动符合人类实践客观规律。随着大学生心理健康教育评价研究的深入，相关理论必然会得到长足的发展，大学生心理健康教育评价也会得到不断优化，为大学生心理健康教育质量的提升做出重要贡献。

2. 路径二：优化评价内容

大学生心理健康教育评价研究仍处于建构和完善阶段，需要新的评价理念的指导、权威评价指标的确立以及新型途径方法的探索。目前任何大学生心理健康教育评价体系的内容都无法保证绝对全面，保证教育评价体系的指标完美包含所有细节，这就要求评价体系建设保持可持续发展性，保证及时更新大学生心理健康教育评价的创新内容，使其焕发出时代活力。

现代社会的发展对高等教育的要求是动态的，教育评价内容也不能保持故步自封，一成不变，不但会出现内容的添加，也会出现已有体系包含的内容可能不再适应时代需求的情况，需要进行修改抑或删减。大学生心理健康教育评价要符合政治、经济、文化的发展，也要适应不同时期意识形态对学生心理素质方面的要求。这就存在着旧的评价模式被淘汰，从而创造出新的评价模式，因而评价体系要凸显教育内容的时代活力，做到对大学生心理健康教育内容的持续优化。

3. 路径三：创新评价方法

方法创新是大学生心理健康教育评价研究优化的重要手段。评价活动不是一成不变的，要根据不同的情况选择不同的评价手段和方法。基于大学生心理健康教育评价的复杂性，要想实现大学生心理健康教育评价的优化，研究方法中不能墨守成规，要灵活运用多种研究方法，甚至会要求多个评价方法共同使用。

多样性方法与技术的成熟可以为教育评价优化做出突出贡献。以大数据技术为例，近些年我国大数据技术被广泛运用于各个领域，有效促进了相关领域的发展，其中教育领域也不例外，大数据理念被广泛应用于高校思想政治教育质量评价。大数据技术在思想政治教育质量评价的合理运用，已经为相关评价研究的优化做出了巨大贡献。通过对大数据的有效利用，让构建好的评价体系在层次上的合理性更迈上一个台阶，使评价结果比已有的结果更加具有说服力。同样在大学生心理健康教育评价研究中利用好大数据技术，使两者完美融合，可以克服诸如评价的标准和内容量化程度不一、评价结果量化少等问题。大数据技术在大学生心理健康教育评价领域的运用正是一个良好的开端，能够帮助大学生心理健康教育评价实现发展优化。事实证明，大数据的收集、加工、分析能力不仅在其他学科方面体现出很高的价值，也能够帮助专家学者解决现存大学生心理健康教育评价体系研究中的很多难题，提高教育评价效率，使教育评价研究的真实合理性与可借鉴程度再提高一个台阶。

科技是教育事业发展的重要助力，随着我国科技发展的日新月异，未来会出现更多的方法来辅助大学生心理健康教育评价事业的发展，通过创新评价方法，更新评价手段，合理运用大数据、云计算等新时代技术，不但能够有效实现大学生心理健康教育评价的优化，而且更加凸显了教育评价发展的时代特色。

第三节　大学生心理健康教育网络教学评价体系

一、高校网络心理健康教育评价的基本特征

（一）多元化与专业化的评价主体

大学生心理健康教育网络教学评价引起了高校的关注。网络的开放性和互动性特征已成为评价主体多样化的基础。心理健康教育网络教学评价的主体是大学生的心理健康教育专家、教育部领导、学校教育者、大学生和其他相关人员。同时，在线心理健康教育评价对评价者提出了更高的要求，评价者不仅要具备丰富的心理健康教育知识，还需要具备更高的专业性。

（二）全面性与针对性的评价内容

在网络心理健康教育的评价中，评价的内容更为全面、专业。网络心理健康教育评价作为一项系统工程具有综合特色。在评价中，有必要确保评价内容的全面性，制定综合评价指标。所有评价指标都应该能够充分体现网络心理健康教育。所有评价的内容应涵盖心理健康教育的相关因素，提高在线教学评价的可靠性和有效性。心理健康教育在线教育评价的内容不仅全面，而且针对性强。首先，在评价中，评价的内容主要是评价心理健康教育的有效教学方法和教学过程以及具体的教学内容；其次，评价的关键内容应根据在线心理健康教育的特殊性来确定。

（三）虚拟化与现实性的评价场所

心理健康教育网络教学评价中，既要实现虚拟评价，还要实现现实中的交流和沟通。信息技术的普及以及应用，使网络心理健康教育评价打破时间

和空间的限制，可借助网络技术、多媒体技术等对评价的主体进行评价。信息技术为网络心理健康教育不同空间的评价者提供了类似于传统面对面交流方式的协同工作环境，互联网技术支持处于不同空间但相互依赖的成员进行协同工作。

（四）智能性与自主性的评价方法

在心理健康教育网络教学评价中，评价方法具有智能和自主的特点。在心理健康教育网络教学评价过程中，评价人员可以通过网络信息技术等智能评价工具完成数据调查的统计和计算。因此，网络教学评价节省了大量的人力和财力，提高了评价的效率。在线心理健康教育评价方法也具有自主性。在网络教学评价中，评价者可以通过电子图书馆和数据库，通过在线心理健康教育评价网站，找到与之相关的评价材料、专家的专业评价资源和丰富的评价信息。同时，评价者和被评价者可以通过网络技术自由地进行通信。评价过程不再受空间和时间的限制，从而可以更有效地分析评价数据，并且可以缩短获得评价结果的时间。

（五）社会化的评价行为

心理健康教育的传统评价形式受到了时间、空间以及外部环境的限制，其社会化的特点不明显。而网络技术的应用，使心理健康教育评价不再受到时空等限制，能够在任意时间和地点进行，大部分社会成员都能够参与到心理健康教育评价中，从而促进心理健康教育网络教学在更为广泛的人群中开展。

二、高校网络心理健康教育评价指标的基本构成

（一）高校网络"心理健康教育"组织管理工作的评价指标

高校网络心理健康教育管理评价主要从三个方面进行：①高校网络心理

健康教育的整体情况；②网络心理健康教育团队与高校网站建设；③高校网络心理健康教育机制。

（二）高校网络"心理健康教育"组织管理内容的评价指标

在高校心理健康教育网络教学评价中，有必要建立科学的评价指标，有并根据大学生网络心理健康教育的需要设定高校评价指标，从而对心理健康教育网络教学进行科学研究评价。网络心理教育评价的内容主要包括网络心理健康标准、类型和网络咨询功能，正确的心理健康概念和帮助感，网络自我教育和心理素质教育，网络相关的心理困惑和异常心理学，情绪管理和人际交往。

（三）高校网络"心理健康教育"平台的评价指标

高校网络心理健康教育评价指标主要包括网站平台的建设水平、网络资源的利用率以及相应配套设施的配备。当对网络心理健康教育平台作评价时，要根据网站的信息内容、浏览情况、下载情况、网站更新和维护情况以及网站的整体功能等进行评价。而具体的评价还要针对心理健康教育网站的栏目设置、界面、内容以及信息数量、形式和满足需求程度等进行。

（四）高校网络"心理健康教育"途径的评价指标

高校网络心理健康教育的途径非常广泛，可在建立高校网络心理健康评价指标时，以网络交流为主要教育途径，进行指标的量化处理。在评价中主要分析即时通信工具（QQ、SKYPE 等）、电子公告系统（BBS）、电子邮箱、博客和微博、社交网络平台以及手机短信等的使用情况。网络心理健康教育评价中，要关注网络心理咨询效果的评价，而心理咨询评价主要分为过程评价和结果评价。

（五）高校网络"心理健康教育"队伍的评价指标

网络心理健康教育的能力直接影响着心理健康教育的质量。因此，应通过各种政策来加强对教师的评价，并应监督教师以提高他们的工作积极性。网络心理健康教育师资队伍评价主要包括：网络心理健康教育教学与培训的数量；参加心理咨询的学生人数和咨询效果；网络心理干预的数量和干预的效果；网络心理健康教育组织和开展心理、文化活动的数量和效果；发表的论文数量和主题研究；其他行政事务的参与。

三、高校网络心理健康教育评价的实施

（一）高校网络心理健康教育评价组织的实施办法

（1）心理健康教育网络教学评价者应具备丰富的心理健康教育知识和专业的网络技术能力。因此，网络心理健康教育评价团队应由心理健康教育专家与网络技术专家一起组成。心理健康教育专家负责网络心理健康教育平台内容的专业评价，网络技术专家主要负责网络平台的专业评价。

（2）将专家评价与自我评价相结合。主管教育部门应对心理健康教育专家和网络技术专家进行多元化评价，提高其专业水平，及时发现网络心理教育的缺陷，提出改进建议，提高网络心理健康教育水平。

（3）将整体发展与系统评价相结合。网络心理健康教育的发展目标是培育学生的知识、情感、意识以及行为等心理素质，因此网络心理健康教育的观点要系统化，对大学生的网络心理健康教育进行系统化的评价。首先，要树立学生全面发展的理念，对学生的心理整体发展和更深层次的发展进行评价；其次，注重对学生表现出的个别心理状态结合整体背景进行评价。

（4）将网上评价与现实评价相结合。网络心理健康教育以网络为教育平台。因此，网络心理健康教育注重网络评价，通过学生在网络上的表现，建设网络评价体系，在网络平台上对心理健康教育进行评价。同时，对问题的评定以及学生的心理状况评价要在现实中进行，结合两种方式的评价，提升

评价的可信度和效用。

（5）将评价与指导相结合。高校网络心理健康教育评价的意义在于促进学生心理健康教育的发展。因此网络心理健康教育评价要结合工作指导，对高校心理健康教育工作和教育者进行评价，对心理健康教育评价进行经验总结，及时发现问题，不断对心理健康教育进行反馈和改革，从而指导高校网络心理健康教育的发展。

（二）高校网络心理健康教育评价的实施步骤

（1）确立评价目标，规定评价指标设计的方向和范围。

（2）对评价目标进行细分，结合评价指标和指标体系的特征需求，将评价目标逐级细化，分解成不同等级的评价目标，从而确立分级指标的集合。

（3）构建评价体系的结构，在分级指标集合的基础上，明确各个指标集合的内容以及相应的末级指标，并明确末级指标在体系中的具体位置。

（4）确定权重方法，目前确定权重的方法主要有特尔斐法、层次分析法以及主观经验法等，根据具体的问题选择相应的权重确定方法。

（5）确定评价方法，评价主体根据评价的类型以及评价对象进行选择。

（6）完善评价指标体系，对评价体系进行科学的补充和调整，使高校网络心理健康教育评价指标体系更全面。

（7）实施评价并获得结论。

（8）结果反馈，从具体的评价结果中获得心理健康教育反馈，帮助高校了解网络心理健康教育中的优势和缺陷，改进网络心理健康教育工作。

参考文献

［1］陈康．保持大学生心理健康相关教育方式的研究［J］．科学大众（科学教育），2020（6）：124-125．

［2］何光耀．论大学生心理健康的标准及其把握［J］．钦州师范高等专科学校学报，2006（1）：38-40．

［3］项瑜．大学生心理健康教育课程建设的思考［J］．湖州职业技术学院学报，2022，20（1）：10-13，18．

［4］戴岳．当代大学生道德自我意识问题及对策思考［J］．贵州师范学院学报，2011，27（8）：57-59．

［5］樊蓓蓓，张春华．大学生心理健康的标准及评估（英文）［J］．中国临床康复，2006（46）：223-225．

［6］孙红英．论衡量大学生心理健康的标准［J］．中国城市经济，2010（5）：216，198．

［7］王雪芹．大学生心理健康教育课程思政建设的实施路径分析［J］．黑龙江科学，2022，13（15）：121-122，125．

［8］陈微．浅谈大学生心理素质［J］．山西青年，2019（24）：175，177．

［9］杨超．基于积极心理学理念的大学生心理健康教育课程改革［J］．现代职业教育，2023（5）：172-175．

［10］蔡彦婕．大学生心理健康教育课程教学模式探究［J］．科学咨询（科技管理），2021（1）：148．

［11］郭志峰，杜连东．基于"心理赋能式"的大学生心理健康教育课程改革初探［J］．辽宁科技学院学报，2023，25（1）：67-69．

［12］韩丹.大学生心理健康教育课程研究述评［J］.教育探索，2009（12）：

121-122.

［13］吕静.教学设计［J］.北京电力高等专科学校学报（社会科学版），

2012，29（6）：608.

［14］樊小杰，司刊的尔.教学与教学设计［J］.新疆教育学院学报，2004，

20（3）：71-73.

［15］王世群.教学设计论略［J］.重庆教育学院学报，2005，18（4）：105-107.

［16］张涛.基于体验理念的大学生心理健康教育课程项目化教学设计思考

［J］.辽宁科技学院学报，2019，21（6）：106-108.

［17］马丽.大学生心理健康教育课程思政教学设计与实践研究［J］.兵团教

育学院学报，2023，33（1）：25-30.

［18］靳娟娟，俞国良.义务教育道德与法治课标修订中"心理健康教育"的

设置考量［J］.课程.教材.教法，2022，42（1）：71-77.

［19］常学勤.促进学生自我认知的实现策略［J］.教学与管理（理论版），

2022（9）：59-62.

［20］邓建英.大学生学习心理分析［J］.科技视界，2019（30）：60，68.

［21］张治业.关注学生学习心理内化学生学习行为［J］.考试周刊，2021

（58）：15-16.

［22］陈瑜，杨文娇，王晶，等.大学生的情绪管理课程在医学生情绪智力干

预中的效果研究［J］.中国高等医学教育，2020（1）：61-62.

［23］唐荣.论大学生的情绪管理［J］.徐州教育学院学报，2008，23（2）：

58-60.

［24］赖日生.新课程观下大学生心理健康教育课程体系的构建［J］.教育与

教学研究，2014，28（11）：42-45.